U0165236

擺脫執念
尋回自心

藉由正念認知行為療法，
邁向平靜與希望的療癒之地

Mindful Cognitive Behavioral Therapy:
A Simple Path to Healing, Hope, and Peace

賽斯・吉爾罕 博士 著
Seth J. Gillihan, PhD

何修瑜 譯

保持呼吸，關注思緒，
做需要做的事——
你就在屬於你的地方。

獻給
瑪西雅・琳恩・萊特豪瑟
（Marcia Lynn Leithauser）

如果你想發現關於上帝的真理，
不要千方百計向外追求。

將思緒向內導引至中心，
試圖使你的靈魂合一而純粹。

放開所有令你分心的事物、所有的慾望，
回到你的內心，
一旦你這麼做，

你將成為你最初尋求的真理。

——艾克哈特大師（Meister Eckhart，1260-1328）[1]

目錄

聆聽內心的召喚

　　身為臨床心理師，來找我治療的病人都有個共同的渴望，那就是結束他們的痛苦。但以我自己憂鬱症的經驗來說，緩解症狀還不夠；我不只想找出消除痛苦的解方，最終的盼望其實是獲得平靜。本書要談的，就是從緩解痛苦到獲得平靜的這趟旅程。

　　我治療的病患大多面臨某種形式的過度焦慮，例如恐慌、持續擔憂、強迫症、社交恐懼，他們試圖從創傷中恢復，有時是近期的創傷，有時來自童年。有些人日復一日與憂鬱症或慢性病搏鬥，有些人思索著婚姻是否還有救，還有人一心盼望能一夜好眠。無論是何種情形，他們都渴望能緩解生活中的緊繃與壓力。

　　人們來找我是因為他們相信，我可以透過**認知行為療法**（CBT），幫助他們獲得慰藉與平靜，這是現今經科學證實最有療效的方法，由以下兩種治療方式組成：

- **認知療法**：練習健康的思考模式。
- **行為療法**：選擇能引導自己朝目標前進的行動。

　　這樣的療程通常不長，一般而言是8到15次，重點放在當前的問題，而不是處理童年以及與雙親的關係。我念研究所時深受這種方式吸引，因為我想減緩痛苦，而認知行為療法似乎是最有效率的治療途徑。

　　在我以認知行為心理治療師執業數年後，我發現自己也需要幫助——我陷入嚴重的憂鬱症狀態。儘管受過許多訓練，我還是百般掙扎地想找出路。我一步步摸索著前進，後來發現了令人驚訝且重要的事情。一直以來我以認知行為療法減緩症狀，但它不只如此，若與正念結合，還有助於理出人生的意義、目的，甚至是靈性的平靜等問題。

　　這是一個很不得了的主張，不過請放心，本書不是來自某個吹噓自己是大師，聲稱終於破解宇宙奧祕，要大家追隨他的那種書籍。我不是第一個指出這件事的人。

　　我希望簡化這個我發現幫助極大的程序，盡可能讓更多人感受它。這改變生命的治療方式可以總結為三個詞，在你需要時馬上就能想起：**思考－行動－臨在**（Think Act Be）。

緣起

　　我成為心理師的動機之一，來自得知我出生八年前，祖父

法蘭克・羅林・吉爾罕（Frank Rollin Gillihan）經歷了情緒上的困境並自殺。他深受二戰期間在南太平洋海軍戰役的恐怖回憶所擾，我不禁想著，他要是能接受有效的心理治療，人生會是何種光景，或許如此一來他能活著見到孫子；且他唯一的兒子也就是我父親，不用承受父親自殺的痛楚。這樣的痛苦往往顯現在我父親暴躁易怒的情緒中，在我的童年如影隨形，有時他則單純表現出悲傷，例如八歲時我走進洗衣間，看見母親抱著正在啜泣的父親，而他手上拿著一疊家人的老照片。

我在美國賓州大學接受訓練，那裡是許多認知行為治療課程的發源地。那間系所深入發展短期、有效的療法，並以嚴格的臨床試驗測試療效，在親眼目睹效果之後，更加深了我對認知行為治療的信心。我看見思想影響情緒的力量，我學會簡單的行為改變就能提升情緒、實現更大的成就。

畢業後我繼續在賓州大學念研究所，並在焦慮研究中心任職，負責執行針對創傷後壓力症候群所做的認知行為治療研究。受試者來自附近社區與當地退伍軍人事務部的醫院，他們深受暴力與痛苦的創傷回憶所苦。許多人在12次的療程後改頭換面，遠離惡夢與腦海中的幻覺，準備重啟人生。這時我每每想到祖父。

離開賓州大學開設私人診所後，我繼續提供認知行為治療。每當看見僅僅治療幾次——有時只有五、六次，就能對一個人的人生產生巨大的影響時，我歡欣不已。患者們鬆開了焦慮，緩解了憂鬱，睡眠狀況也改善了。我的門診預約很快就額

滿，來看診的人都想用聚焦在行動的療法，讓自己感覺更好。

我執業愈久，愈發現病人的改變令我震撼，他們似乎不只是症狀受到緩解，他們形容自己覺得更輕鬆、更自由，更加與喜歡的自己產生連結。他們的家人含淚告訴我，他們所愛的人終於回來了。

我不確定是什麼造成這些改變，因為它們沒有完全符合我以為的認知行為治療觀點，有時我甚至嫉妒起這些改變的深層作用，以及病人感受到更高層次的平靜與快樂。

保羅的深刻改變尤其令我震驚，他是名失業的年輕父親[1]。童年艱困的保羅從有記憶開始就痛恨自己，父親在他五歲時離家，而保羅總覺得自己是母親最不寵愛的孩子。他早年就為酒癮所苦，也在親密關係中掙扎。

保羅最大的困境，是他覺得自己在年幼的兒女眼中是個失敗者。父親的離去深深傷了他，因此他發誓要當子女引以為傲的父親。失業與隨之而來的憂鬱症，使他認為孩子一定覺得他很可悲、對他感到失望。每次談到孩子可能如何對他失望，他一定哽咽，但又揮開我遞上的面紙。他的羞恥感很快轉為憤怒，氣自己是「愛哭鬼」，然後用手胡亂抹去淚水。保羅否認他造成的自我傷害，卻說自己常想像要結束生命。

我們一起努力了好幾個月，時間比認知行為治療教科書上的指引還長。他的進步緩慢但穩定，他持續進行許多能帶來喜悅與成就感的活動，情緒獲得大幅改善。保羅也意識到他對自己糟糕的想法不是真實的，例如「我一無是處」與「大家沒有

我會更好」，然而在他內心深處，似乎還是有著自我厭惡的暗流，抗拒他在治療中做的努力。

某一天，保羅令我大感震驚——他任由自己淚流滿面。在這個時刻，他並非因自己是糟糕的父親而落淚，他是為了那個失去父親的五歲男孩而哭，這男孩直到自己有了孩子，才終於懂得愛。藉由眼淚，他告訴我，他開始感受到對自己的愛。我也擦著眼淚，自從認識其實很願意愛人的保羅開始，我就一直期待這天到來，但我依舊對保羅與自己的關係改變感到驚喜。

人們對於自我的想法與感受很頑強，難以改變。我很習慣看見病人逐漸改變，但他們往往不情不願，還殘留著些許自我厭惡感。保羅的改變不一樣，彷彿在他和他的心之間有一道障礙被拆除，釋放出一波他壓抑了數十年對自己的愛。他終於能看見，自己的傷口和苦難索求的不是厭惡，而是熱情。

保羅不再恨自己、不再憂鬱，他改頭換面，成為自己一直以來想成為的丈夫和父親。我們的治療如何幫助他實現這樣的心願？當時我不確定我知道答案。

療癒之路

我們的治療有突破的那天晚上，一股諷刺感襲上我的心頭。那週我的內心被撕成碎片，因為我覺得自己讓太太和孩子失望了。數年來我為健康問題所苦，一開始是聲音出問題。我罹患喉炎，喉嚨有灼熱感，別人很難聽見我說的話，因此我在

看診以及在當地學院教書時，說話都很吃力。漸漸地，我被一連串症狀困擾：睡眠不足、疲勞、心神混亂、身體疼痛、怕熱和消化不良，還有其他許多毛病。我求助多位專科醫師和治療師，得到的答案與解方很少，看病帳單卻堆積如山。

我的日子愈來愈艱難，生活圈也愈縮愈小。由於疲勞，我必須停止大部分形式的運動，也因我很難開口說話，不再與朋友相處。即便在家我也很少說話，畢竟工作結束回家時，我的「聲音庫存」往往已耗盡。我有限的聲音和精力，造成家裡的財務狀況緊繃，我也被迫減少看診時間。

事後看來，由於有以下狀況，憂鬱症幾乎不可避免：長期壓力、社交隔離、缺乏運動與睡眠不足。我在診所工作時見過這種模式無數次，而我正經歷同樣的事情。我過了一陣子才承認，自己陷入深度憂鬱症，我想去死，也認為家人沒有我會過得更好。太太瑪西雅非常支持我，但她無法消除我低落的情緒和自我厭惡。當我心情低跌到谷底時，她會向我保證：「賽斯，你已經盡力了。生病不是你的錯。」同時，我默默在腦中一遍又一遍地吶喊著：「我他媽的真恨我自己！」

我的憂鬱症拖了好幾個月。我覺得自己迷失其中，困惑又孤單。我不知道是什麼把我帶到這裡，我感到又疲憊又糾結，無法逃離。我一直哭泣，走路上班時在哭，不知該如何度過這一天；回家的路上邊哭、邊吃力地爬上一座座小坡，彷彿腳下穿的靴子灌了鉛；躺在辦公室的沙發上也哭（約診的空檔我會在沙發上小睡，還會注意我的姿勢，以免下位病人進門時發現

我臉上的枕頭印）。

吃完晚餐，我常躺在客廳的沙發上，陷入絕望和沮喪的情緒，祈求幫助。每晚我帶著挫敗感爬上床，恐懼隔天的到來。我一直覺得自己到了盡頭，然而好像有什麼讓我繼續活下去，在我一心想放棄、消失在世上時，它將我帶回人生。

我當時的狀態，和許多第一次來到我診間接受治療的人一樣。他們被憂鬱症擊倒，或因焦慮而緊繃，他們很想認輸，但有更大一部分的他們決定繼續走下去。在他們內心深處有個根本的完整性，強迫他們在絕望中尋求幫助。

他們或許覺得內在除了黑暗之外什麼也沒有，然而我能清楚看見一道沒有熄滅的光，從他們掙扎與痛苦的縫隙中透露出來。無論他們的感受如何，看見那道光，總是能給我希望，甚至能讓我在內心微笑。我知道他們的苦難不必然是故事的結局，我也知道他們的療癒之路早在走進我診間之前就開始了，因為療癒的力量並不是始於找到正確的治療方法，而是來自我們內心深處。

某天晚上，我終於在自己的內心發現了同一件事，那件在我治療過的患者身上看見的事。當時吃過晚飯的我躺在沙發上，一切顯得比平時更加無望，我覺得自己快要死了。我一直在腦海中對自己說：「我已經走到盡頭。我已經走到盡頭。」然而就在那一刻，我明白了我的盡頭不是盡頭，而是某樣東西的起點——它超越身體與心智的限制，超越疾病與憂鬱症。我的身體殘破不堪，我的頭腦一團混亂，我的靈魂卻赤裸裸地坦

露出來。

　　這個領悟讓我當晚做了此生最有意義的夢境。我哭著從夢中醒來，身邊的太太被我吵醒，她自從孩子出生後就很淺眠。她問，「怎麼了？」

　　「我夢見我死了。」我回答。

　　「太糟了。」她睡眼惺忪地說著，伸手拍拍我。

　　「不。」那場景依舊在腦海中，十分鮮明。我說，「那是個很美的夢。」

　　在夢裡，我們乘坐的飛機降落得很失敗。接近跑道時我們偏向一邊，左機翼比右機翼高，其中一個輪子先著地，飛機失去平衡，我們在跑道上打滑。飛機開始變形、前後斷成兩截。我坐在最後一排，眼前的座椅、行李和乘客都飛到空中。我嚇壞了，感覺飛機隨時會爆炸，毀了我的性命。

　　但我決定接受迫在眉睫的死亡。如果死亡不可避免，我想對它敞開心胸，而不是在恐懼中死去。我向後靠，閉上眼睛，灰塵與碎片撲面而來。我讓自己在死時想著我愛的人，孩子們的臉龐在腦海中浮現，他們的影像充滿了我的腦和心，同時我等待死亡，就像等著睡著。我欣喜若狂，隱約知道我將與我所愛的一切在一起。

　　死亡來臨時，我沒有感受到痛苦與意識中斷。我眼皮後方變成紫色的空間，與夜空連成一片。我穿越夜空，進入繁星之間，我意識到每個我所愛的人，無論死去或活著，他們的靈魂都在那裡，我正與他們會合。

　　然後我醒來了，身邊是太太，孩子們睡在走廊另一頭。我哭泣不是因為死亡令人悲傷，而是因為它如此壯麗。經歷最大的恐懼使我領悟，自己與所關心的人有著永恆的連結。我心中已容不下恐懼，最重要的，那是平靜卻深刻的經驗。

　　憶起這場夢，我明白我已走到盡頭，但這盡頭代表某個全新和超越性的事物的開始，正如夢中顯示的那樣。那晚在沙發上，我感受到一股強大的平靜，以及內心療癒的臨在感。我領悟出「我是誰」的基本真理：我是連結到神性的靈性存有。我知道那神聖的靈性，正是我在病人內在看見和感受到的。那內在的靈性一直呼喚我起死回生，就如同病人們的靈性呼喚他們繼續努力，呼喚他們接受治療。

　　我已經親身發現靈性持續的召喚——引導我們走向完整的思想與行動的召喚。當我們說：「我已經一無所有。」而我們的靈性回答：「我知道。我看見你每天都在掙扎，沒有人知道沒關係，以你現在的狀態來吧，生命不需如此艱難。」

　　我對宗教的理解來自基督教與世俗佛教，但是使用「靈性」這個詞時，我並非假定它有某種特定的宗教意義。「靈性」只是我能找到最好的詞，形容我在治療的人們以及我自己的內在存有，這存有引導我們朝整體的自己而去。對於這一部分的自己，多數人都有很深的直覺，它既非心智也非身體，但是對於我們之所以是現在的自己至關重要。某方面來說，它是「最能代表你」的一部分，因為它總是與你在一起，卻與你不斷改變的角色、你短暫的情緒，或與你的思想或行動無關。

我在沙發上悟出的道理，離我苦苦渴求的終點還遠地很，它當然也不是我最後一次聆聽來自內在的召喚，但它是希望的開始，它也標示著我對治療想法產生的深遠轉變。過去幾個月以來，我發現認知行為治療的作法有其侷限，因此想放棄它，採用非特定的「深層」療法。然而認知行為治療是一種強大的方法，放棄它會是很大的損失。我無法忘記那些患者的臉龐，這些人的生命透過他們在認知行為治療中的努力而改變。

然而我知道我不能僅止於理解原則與運用技術，為了實現認知行為治療的全部潛力，我必須整合我的訓練與更深的靈性真相。

靈性與努力

在個人危機爆發的幾年前，我坐在賓州大學的辦公室裡，望向窗外的天際線。一隻紅色尾巴的老鷹飛入我的視線，牠稍微拍幾下翅膀，在城市的上空盤旋，愈飛愈高。我停下正在寫的獎助金申請書或論文看著牠，直到幾乎看不見為止，牠輕盈的飛翔方式令我深深著迷。後來我從喜愛鳥類的太太得知，老鷹是乘著強勁的溫暖上升氣流飛翔。

許多鳥類都會利用上升的熱氣流以節省力氣，尤其是在長途遷徙時。翅膀寬闊的老鷹靠著熱氣流飛越6400多公里，從美國和加拿大飛到墨西哥和中美洲，平均每天飛超過110公里。要是不靠熱氣流，這趟花費大量時間與精力的遷徙將會十

分艱難。飛行的每一里，老鷹都會感到很吃力，牠們每天都會很想休息，或許牠們會以某種鳥類的方式表現出絕望，不知究竟能否抵達目的地，很可能許多老鷹無法熬過這趟旅程。

有時我們在生活中也感覺一切都很艱難，每天都精疲力竭。我們感覺得到路上的每個坑洞，我們付出一切卻還是不夠，我們擔心生命安危，我們總想放棄；也有些時候，一切不再令人感到吃力；我們得到支持和啟發，振奮不已；生命更像是一支舞，而不是一場摔角比賽。我們找到了「流」。那正是靈性給予我們的，也就是當我們不知所措、精疲力竭時，將我們舉起來的熱氣流。透過靈性的連結，我們才能安適放鬆。

老鷹與其他鳥類並非一離巢就進入熱氣流，或者偶然乘上熱氣流，而是會積極尋找熱氣流，與之配合。科學家不確定鳥類如何找出氣流的位置，但我們知道鳥類適應力很好，彷彿牠們仰賴熱氣流為生。一旦發現熱氣流，牠們會很有技巧地駕馭它，盡可能置身其中。

我們的靈性連結也是同樣道理：

我們的靈性提供意志。
我們的努力提供方法。

我們需要靈性與努力，才能活出正等著我們的人生。藉由思想與行動，我們與靈性攜手，創造人生。靈性能提升我們，而我們放手讓自己被提升。我們的靈性持續召喚我們，我們選

擇如何回應它。

　　練習聆聽內在聲音的召喚，或稱靈性的召喚，就是許多人所稱的正念，而有效的治療是回應這召喚的一種方式。透過以正念為中心的認知行為治療，就能移除那些使我們與原來的自己分離的習慣，並且以滋養我們整體存在的思想、行動與正念覺察取而代之，因而能與內在療癒的聲音保持連結。當我們將身、心、靈合一，我們的各個方面感受就能完全密合。療癒與放鬆，源自於我們重新發現自己的身心靈合一的整體。我們不用持續拍打翅膀，便能輕鬆遨翔。

思考－行動－臨在

　　我的靈性引領我去做該做的事，以便治療憂鬱症。我想再次變好，無論是為了自己，或是為了家人。我想念以父親的角色參與家庭事務，和太太與孩子聊天。我受夠了因為必須處理自身狀況，對大部分家庭活動只能置身事外，讓太太的日子更艱難，這使我感覺很糟。我希望恢復交友……這一切都表示我必須從憂鬱症的谷底爬出來。

　　朋友們建議我試試抗憂鬱藥物，他們是一番好意，但我知道我需要的是認知行為治療──該服用屬於我自己的藥物了。認知行為治療真正的力量不在於知道它如何進行，而是日復一日付諸行動。

　　我就是認知行為治療教科書中的經典範例：我的腦海中充

斥著痛恨自己的想法；我放棄了幾乎所有有益的活動；我拚命與置身其中的現實狀況奮鬥。我必須全心投入這項治療工作。

- 思考：我必須以心智改變思想。
- 行動：我必須起而行。
- 臨在：我的靈性必須找到臨在與接受。

儘管導致身體疾病的原因仍然不明，我已經開始治療心智與情緒，因此我擬定一個自主認知行為治療計畫，但是它與我過去的治療訓練不同。

認知與行為技巧是我身為心理治療師的核心要素。當我認為病人面對的狀況很適合正念技巧，或者病人自己表現出對正念技巧的興趣時，我也會適時將其帶入。不過我現在發覺，將正念視為附加技巧是低估了它。臨在的品質會影響每件事，它形成一切思想與行動的基礎。透過敞開心胸的臨在，我們與自己最深刻的部分和感受連結在一起。簡而言之，我們找到了靈性的連結。

自從以為人生已到盡頭而陷入絕望的那晚開始，我就感受到與靈性連結的迫切性。我的靈性向我耳語，我什麼都沒失去，它向我展示我沒有無可救藥地崩壞，也帶我走向我必須進行的工作。我一心只想與我的靈性核心連結，而正念臨在提供我維持連結。正念將是我整合治療方式的重心所在。

如之前所說，我將這方法稱為思考－行動－臨在。我喜歡

簡單的事物，這三組簡短的詞傳達出以正念為中心的認知行為治療的力量。三者結合在一起，形成頭腦（思考）、雙手（行動）與心（臨在）的練習，幫助我回到人生正軌。

運用這些曾經教導許多患者的技巧時，我也親身體會了他們對我描述的優點。

我以頭腦——**思考**的部分，監看內在的聲音，因而發現那聲音是多麼恐懼與自我批評。我時常告訴自己我搞砸了，即將失去一切我在意的人事物。倘若先發制人，一開始就以有事實根據、不可或缺的想法取代這些扭曲的負面思考，能得到截然不同的結果。

藉由我的雙手——也就是**行動**，我設法做出更多帶來喜悅與成就感的事情。最簡單的例子如替孩子做點心、用零碎時間洗衣服，或出門吃午餐，而不是在書桌上吃。我正是利用這些事情，使病人逐步豐富他們的生活。起初我沒有動力進行許多改變，到後來我發現我的心情變好了；不是立刻發生，而是穩定地逐漸變好。

藉由我的心——**臨在**，我設法進一步將正念帶到生活中，不只透過冥想，也透過日常活動。思考－行動－臨在的第三步驟不是後見之明，而是我檢視思想進而設計行為的脈絡。正念使我看透自己扭曲的思想，幫助我從活動中獲得最大的益處。它一再提醒我，當我們對生命原有樣貌敞開心胸的那一刻，一切都會改變。

我終於得到了我時常感覺到卻從未完整成形的答案：**為何**

對於傳統的認知行為治療，我總是有些帶著歉意？我知道這療法有效，我也見過它改變人生。但現在我領悟到，在人類深層需要與我的認知行為治療之間有一道鴻溝。彷彿我隱約知道我對認知行為治療的理解不足：只有頭和雙手，缺少了心，因此很單薄。將正念臨在與這治療方式整合後，現在的我對之前令我困惑的認知行為治療充滿熱情。我想與每個人分享新的治療方式。

出發前夕

接下來，我將深入介紹思考－行動－臨在的模式，及運用方式。你將能看見這三個提醒如何幫助我們將心智、身體與靈性的需要合一。當它發生時我們會知道，因為可預測的感受將隨之而來：身體漸漸不再緊張；對現實的慣性抗拒消失了；我們不再匆忙，與自己以及世界和解；人生很簡單；我能自然流露出正確的行動。我們可以清楚知道並感受這真理。我們正是在其中感受到我們對彼此的愛，同時找到對自己的愛。

你也將發現這個方法如何告知我們人生各方面的訊息，從照顧身體到做有意義的工作。思考－行動－臨在的核心，是認識到最深刻的價值能驅使我們做出看似微小的日常決定：從我們如何計劃日程表，該吃什麼，使用手機的時間長短等無數選擇。透過關照生活中各個時刻，創造出愛與目的的世界。

我即將分享的方式，不是選定某個特別的信條或取代你原

本的堅定信念。我不會試圖改變你的宗教信仰或讓你改信我所說的靈性。思考－行動－臨在是要幫助你跟隨靈性引領的方向，它可以融入任何宗教傳統。

藉由這些練習，我們能活得更平靜、更專注，並且能對抗那些持續干擾我們的事物，避免我們與自己、他人和世界失去連結。我們可以給予並接受愛，找到無條件的平靜——不只能從神祕的死亡之夢中得到，也在每一個清醒的時刻中，即便表面上看來我們支離破碎，永遠無法覺得自己是完整的。思考－行動－臨在邀請大家全然表達最真實的自己。

與真正的自己連結

　　生病了幾年後，我開始覺得自己和原本的我不是同一人。我認為那個新的我是「冒牌貨」，這個冒牌貨接管了我的身體與心智。「這傢伙是誰？」我時常這麼想。過去我很喜歡逗別人笑、和朋友在一起，但冒牌貨總是板著臉，盡可能拒絕與人社交。真正的我精力充沛，喜歡和孩子玩在一起，但冒牌貨連從沙發上站起來都辦不到。我不再認識我變成的那個人。

　　當時我並不明白失去與自己的連結所付出的深遠代價，但現在回想起來顯而易見。思考－行動－臨在的第一步就是與自己連結，這是一切的基礎。正如我很快察覺，最嚴重的問題就是與自己失去連結。

　　隨著時間過去，我愈來愈難分辨何者是真正的我、何者是冒牌貨，我逐漸認同經常感到掙扎與疲勞的、被貶低的那個自己。某天我和朋友柴克坐在社區泳池邊，他問我最近好不好。我聽著自己描述長期健康問題時，突然懷疑那個冒牌貨是否才是真正的我。

　　我打斷了自己說話，轉向朋友，並問他，「我不是一直都這樣，對嗎？」我還很健康時他就認識我了，我希望他能幫我想起昔日的我。儘管我納悶那人到底存不存在，也或許我一直體弱多病，本來就是個掃興的傢伙。但我渴望重新找回一直以來認識的自我。

　　柴克向我保證我並非總是在生病，但我還是覺得與自己很疏遠。病痛和憂鬱症改變了我，可是經歷人生中其他重大轉變，例如為人父，我還是能維持自己的認同感。然而這次不一樣，我似乎失去了自己，彷彿我的核心認同感不只不一樣，而且不見了。

　　我在照片和影片中瞥見了之前的我，想起我曾和孩子們歡笑和跳舞。太太也告訴我，與病痛的搏鬥不是我的全部，但我需要的不只是這些外在的提醒，除了知道我在困惑與痛苦之外還擁有其他部分，我更需要與自己重新連結。

　　關於我是誰的最有力提醒來自內在，那一刻發生時我在海邊，與家人在紐澤西州的五月岬度假。當時的我每天都吃力地和家人一起走一小段路到海邊，每爬幾階越過沙丘、通往海邊的階梯時，我就必須停下來休息；到海邊安頓好後，我大部分時間躺在海灘傘下，感到困惑又絕望。

　　某個週三下午我在太太的鼓勵下成功下水了。她說，「這對你有好處，你在水裡最快樂不過了。」我小聲嘟囔了幾句，抓起蛙鏡，放下舒服的毛巾，走向德拉瓦灣冰涼的海水。

　　在去五月岬度假的不久前，我和家人一起看了迪士尼動畫

《海洋奇緣》。主角是玻里尼西亞群島上某個村長的女兒，她感受到海洋的呼喚，但她被禁止到海裡，因為很久以前海裡發生過可怕的事。然而她不斷接收到召喚，來自她某部分無法忽略的自己，邀請她重新與她真正的認同連結。在充滿震撼的高潮場景中響起縈繞不去的音樂，主角莫娜唱道：「這不是你。你知道你是誰。」

看向一望無際的海水，我的腦中全是《海洋奇緣》裡那一幕的台詞。我知道那是一部動畫，我是個大人，然而那些話語衝擊著我，站在沙灘上的我哭了起來。**這不是你**。我的靈性再次對我說話，正如幾週之前我躺在沙發上的那一晚。**你知道你是誰，賽斯。這不是你。**

我不是自己眼中軟弱可悲的那個男人。我對這世界和我的家人並非只有負面影響。我是莫娜、村長的女兒、旅行者的後代——開玩笑的！我是我自己，一輩子都是。我沒有被遺忘或被打敗。是的，我正與疾病搏鬥。是的，我精疲力竭。現在的我過得很辛苦，然而我已重新發現內在最真實的自己，它沒有被我正經歷的困境所定義。在根本的層面上，我很完整。

我涉水走得更遠些，每一步都是新的開始。水淹到胸前時，我潛入水中。當海浪滑過身體，我也覺得自己改頭換面。

眼前還有許多工作等著我。召喚我回歸自己的內在聲音，不只幫助我重新發現真正的認同，它還召喚我展開行動——按照真實的我過生活。正如我很快會發現，我早在生病前，就已經遠離了自己。

專注於自我

　　許多人和我一樣，在一段艱難的時期中失去自我。任何顛覆我們人生的事，都能讓我們與自己失去連結：死亡或離婚而失去一段關係、過於勞心勞力的工作、酒精或藥物成癮、心理疾病，有時甚至沒有明顯的狀況或事件，我們就只是逐漸飄離自己而沒有發覺；也或許我們想不起曾經認識的自己。

　　我的病人莎拉因母親早逝，以及隨後一段受虐關係造成的創傷，失去了自己。初次見到莎拉時，我很驚訝，雖然她在年輕時曾有悲傷與恐怖的經歷，她依舊把人生打理得非常好。然而在接下來的洽談中，我發現她的自我感顯然極低。她認為自己的需要不可能被滿足，無須冒著再次失望的危險，要他人尊重她的需要，專注於滿足身邊的人的期待比較安全。

　　莎拉在我介紹的正念練習中，發現最能幫助她與自己連結的練習，是「我在這裡」的冥想。這個練習隨處可進行，姿勢不拘，站著、躺著、坐著、走路時都行，眼睛可以睜開或閉上。莎拉輕輕吸氣時，她會默唸：「我在。」緩緩吐氣時，她對自己說：「這裡。」這兩句搭配呼吸的話，就是莎拉與自己連結的特效藥。「我」將她帶回到自己心裡，「在」將她和現在連結，「這裡」將她安置在她現在所處的地方。無論正在做什麼，她都能透過每次呼吸，宣告「我在這裡」，迅速建立與自己的連結。

找一個舒服的地方坐下來，計時三分鐘。在這段時間內，每一次呼吸都搭配「我在這裡」這句話。當你四處奔波，處理一件接著一件事時，很容易與自己失去連結，這時也能做這個練習。

我引導莎拉做正念臨在訓練時，她學會與習慣性忽略的困難情緒共處，她也正視前夫施虐的創傷記憶——這非常困難，她必須剖開累積了數年、層層堆疊的痛苦。

過程中，莎拉重新發現自己。她記起內在承載的力量——這份力量曾經支持她度過母親驟逝以及數年來遭受的虐待。用「力量」這個字形容還太溫和了，莎拉想起來，她是**堅強又勇敢**的。過去丈夫時常告訴她，「沒有他，她什麼也不是。」然而唯有強悍的女人才能離開操弄且虐待自己的丈夫，離開他時她無處可去，但她知道任何地方都比待在地獄般的婚姻、忍受輕視與更多毆打來得好。

莎拉重新與自己連結後，我們的療程還沒結束。正如在德拉瓦灣那場洗禮對我的意義，對莎拉而言，再次發現自己是邁向更宏大的過程的關鍵。在療程的第二部分，莎拉發現她必須在生活中進行實質的改變，不再忽略自己的需要或讓他人替她做決定。她得以重新取得的內在力量做出行動。

看見這位年輕女性完全展現她的自我，真的十分驚人。沒多久，莎拉的直接了當也令周遭的人驚訝。她不再違背內心的聲音，例如某次她準備了一頓豐盛大餐，伴侶和女兒吃完又把

滿桌的杯盤狼藉留給她整理時——與其全部自己收拾，同時默默埋怨家人，她明確告訴他們請把餐桌擦乾淨、淨空洗碗機，並把剩菜倒掉。她的轉變使我大開眼界，這和幾個月前總是服從別人的她，是同一個人嗎？莎拉嶄新的行為加強她與自己的連結，這行為也持續提醒她自己是誰。

> 回想某個情境，例如面對老闆的要求、蠻橫的家人，或是某個難搞的朋友，當時你想對這人說「不」，卻說了「好」。想想你為什麼很難拒絕。如果說了「不」，你覺得可能會怎樣？勉強同意某件你不想做的事情，你的感覺如何？

正如莎拉和我的發現，找到自己不只是對自身特質的理性認知，它是一種帶有生命力的關係。如同所有穩固的關係，它始於傾聽。我們的內心有股一直存在的召喚，就像是持續發出真理之聲的音叉。找到自己就是從聆聽那純粹而清晰的音符開始，我們會發現自己的需要，以及必須為此採取的行動。

這種聆聽取決於我所說的「臨在」，我們只能聽見當下自己內在的聲音。因此，思考－行動－臨在的第一步很簡單，就是與當下的自己連結。這連結幫助我們認識自己和自己的需要，並且依此選擇我們的思考與行動。這樣的過程會在本書中一再出現，因此你將愈來愈熟悉：**讓自己以正念臨在為基礎，然後思考與行動。**

　　這種方法不只著重在改善與治療疾病和症狀，它和許多增進生活品質的方式一樣，我們要將正念認知行為治療用於生活中所有層面，而不僅限於「治療時段」，才能發揮最大的功效。

超越醫療模式

　　臨床心理學，尤其是認知行為治療，深植於醫學模式，它的重點在於評估症狀，加以診斷，並選擇正確的治療方式。我所學的認知行為治療是一組辨認與緩解症狀的簡單練習，它強調找到能將療法與個人狀況配對的一對一修復方法：憂鬱症——需要行為的活化；焦慮與逃避——需要暴露療法。

　　我所學的認知行為療法模板來自於精神科疾病的藥物治療。研究試驗通常會將心理治療與藥物治療進行「同等劑量」的比較，並觀察數週的治療效果。作為研究人員和臨床醫師，我們的目標是減少令人困擾的症狀：減輕壓力、減少焦慮、改善睡眠問題。無論哪項症狀的得分愈接近零愈好，零分是受試者能獲得的最佳評分。

　　醫學上的治療模式假設認知行為療法和我們最深刻、最具意義的經驗沒什麼關聯。認知行為治療和藥物一樣，我們會在不舒服時使用，痊癒了就放在一旁。我們不會為了更深刻的個人成長而採用認知行為療法，就像我們不認為阿斯匹靈除了能緩解疼痛，還能對日常生活有所助益。

　　然而醫療模式有其侷限，在這模式中，我們每個人像是一

輛車子，車子離開生產線時，它的基準已經設定好了，進廠保養的目的就是讓車子盡可能接近這個原始基準。我們希望車子不要壞掉，因此針對憂鬱症的認知行為治療，就是減輕我們的憂鬱；只要我們不那麼害怕，那麼針對焦慮的認知行為治療就算成功。

只不過會呼吸、有活力、有生氣的人類經驗難以用機械的比喻來形容。比起車子，我們更像一座花園。我們會生長、會適應環境，我們需要照顧。和花園一樣，我們的生命可以萬紫千紅。身心健康時，我們能有許多收穫，而這些行動的成果能夠替其他人打造出更美好的世界。

如同園藝活動，照顧自己是種合作關係。花園仰賴我們的規劃，當種子發芽、葉子行光合作用時，諸多超出我們的能力與理解的力量也在運作。同理，我們有自己的生命力。我們吃進營養的食物，身體知道如何使用養分以符合所有生理需求；我們面臨恐懼，也會排除恐懼；我們藉由睡眠，讓身體與心智安靜下來；我們學會新的思考方式，鼓舞沮喪的心情。我們提供身、心、靈正確的狀況以符合其需要時，必要的改變因而發生，在這努力中有一種自在，因為我們不是孤軍奮戰。

進行以正念為中心的認知行為治療時，我親身感覺到它充滿潛力，不僅能減緩憂鬱症或令人意志消沉的焦慮——雖然也是重要目的，但它的功用遠超過處理糟糕的感受。我發現思考－行動－臨在的基本技巧，與我的存在最有意義的部分極為相關，正如同我多次在診間裡見證的情況。

我們不必替認知行為治療設下終點，決定它該結束在某個標準時間點。臨在的益處沒有界線，好的思考對於我們所有的經驗都有幫助，帶有目的的行動也總是有用。

事實上，在沒有任何可識別的問題或診斷的情況下，思考－行動－臨在最能發揮功效。對許多人來說，問題似乎恰好就是「沒有可辨認的問題」，但我們也不能說一切都沒事。

朋友珍形容，她在年輕時就到達這個境地。生命中的一切似乎很順利，她研究所畢業、結婚成家，她有個好工作和一棟漂亮的房子。但有一天，先生的家人來訪時，她感到一股說不出的空虛，就在和大家一起坐下看著孩子們在地板上玩時，突然間有個問題冒了出來：「就是這樣了嗎？」不知怎地，她期待有些別的……不只是現在這樣。

珍的問題說明了我們最常面對也最惱人的議題。我們知道生命比我們所感受到的還多，更多喜悅、更多平靜、更多愛。我們想活得更完整，找到與他人以及與我們自身經歷更深的連結，但不確定需要什麼改變。無論我們讓生活中充斥多少事物與人際關係，追尋愈多帶來的成果愈少。

感謝天，思考－行動－臨在不只為了治療精神疾病，它是為了活得更好的明智選擇，一旦發揮最大功效，它可以為生活各領域帶來更深刻的個人成長，從如何照顧身體，到如何處理最重要的人際關係。起點從你找到自己開始，而且沒有終點。只要我們願意，把正念為中心的認知行為治療當作一種靈性實踐，這也是找到平靜的有力方式。

　　我依舊相信認知行為療法對於焦慮與憂鬱症等問題，是很棒的療法，我也會在這些狀況下持續使用它。這種療法最大的優點，是它能迅速減輕症狀；不過它遠不只是讓症狀消失而已，當既有問題解決時，它的效用並不會到此為止，我們還能繼續追求其他更長遠的效用。

　　我們的挑戰，在於理解自己是誰、需要什麼。

與真正的你合一

　　第一次聽到內在自我的召喚時，我認為它要我變得「更有靈性」，彷彿理想的自我是個沒有肉體的靈魂，漂浮在人生中，不受思想的限制，也不受情感的觸動。然而盲目崇拜靈性，代表忽視我們的心智與身體，變得**更**不像真正的我。事實上，我們的靈性並非排除了身體與心智的現實狀態，狹隘專注在「靈性的」事物上。正如科學家與神學家依莉雅・德里奧（Ilia Delio）在著作《宇宙的時間》（*The Hours of the Universe*）中寫道：「神聖的現實維度並非人類知識的目標，而是一切存有的深度層面[2]。」我們的靈性藏在所有經驗中，與我們的其他部分緊密相連。

　　思考－行動－臨在練習有助於我們與真正的自己合一，與內在響起的清晰提醒合一。這裡所說「真正的」單純表示在我們身、心與靈的每一個面向，與我們的現實合一。頭腦、雙手與心這三個層面共同合作，讓我們成為全然活著的存在。

認識真正的自我，不見得是高深神祕的事。當太太在五月岬鼓勵我游泳時，提醒了一個關於我的真相：她知道我在游泳時最快樂了，那是真正的我之一。

想想你在生活中何時覺得最快樂、最滿足，藉此發現一部分真實的你。你如何更常去做這些給你帶來真正喜悅的事？

當我們實踐能夠替我們帶來快樂與平靜的正確思維方式時，我們就會了解心智的真相；一旦看穿心智創造的那些讓我們感到悲慘的無數虛構事情，包括我們不配感到快樂、我們不討人喜歡，我們就能透過思維，在關係中找到真相。認知行為治療的認知部分，幫助我們用忠於現實的信念，取代那些錯誤的信念。當心智安住在真相中，我們就能找到喜悅。

給予身體需要的東西，並持續做讓人充滿活力的事情，就能感受到真實的身體。我們可以透過吃營養的食物、充分休息、每天活動身體、花時間和喜歡的人在一起、服務他人，以及從事喜歡的工作，活出真實自我。重要的是，思考－行動－臨在不只是對我們更有益的簡單意識行動，你或許也知道，光是建言很難改變行為，不過我們將看見它提供以人類科學行為為基礎的實際工具，幫助我們做出持久的改變，創造更有意義的人生。

藉由生活中全然的臨在，我們找到靈性真相，因為靈性總

是在當下的經驗之中。我在海灣裡游泳，重新與自己和我所愛之事連結，就是一場與靈性真相的相遇。正如我的例子顯示，正念臨在不是少數天選之人才能體會的神祕經驗；活在當下是所有人無時無刻都能培養的習慣。

我們的身、心、靈形成一個整體，三者彼此交會影響（圖1）。比方說，身體會影響心智，我們好好休息，更能辨認出負面思想。身體也會影響靈性，當我們遠離強迫性的活動，就能與靈性連結。靈性也影響心智，當我們的意識專注在當下，也發現到這件事時，較容易辨別大腦是否在對我們說謊。

我們與自己合作的成果，往往包括健康的身體、平靜的心、安穩的睡眠與充滿愛的人際關係。不見得一定要回到之前健康的狀態或能力，才有辦法回應內在的呼喚。無論處於何種艱困情境，我們都能依照當下的狀況，提供自己所需。

圖1

你的照護說明書

我買來要種在花園的種子，包裝袋上通常會描述植物理想的生長條件：如何與何時栽種、需要全日照或半日照、最好使用哪種土或肥料等。我按照這些說明提供所需，讓植物長得好，我也才有好的收成。整合精神科醫師歐米德・奈姆（Omid Naim）建議我們，找出自己「理想的生長條件[3]」，就像我們替植物做的那樣。每個人都能問自己：「什麼條件我才能成長茁壯，什麼是讓我欣欣向榮的土壤、陽光和水？」

這隱喻不只與我的園藝經驗產生共鳴，也與我在生活中的發現一致。事後看來，我生病前的生活方式**注定**造成不良的健康狀況。我忽略睡眠、三餐吃得不好、喝太多酒、工作太多、休息時間太少。如果我是花園裡的植物，我一定生長在照不到太陽的那塊地裡，並且缺乏水分。我疏忽了許多基本的事情，而我們需要這些事才能感到完整。

我治療過的大部分病患也是如此。他們不只與沒有幫助的思想或令人不知所措的恐懼奮戰，還缺乏了生活中的基礎，例如有意義的人際關係或充足的睡眠。光是專注於認知行為治療技巧，例如質疑他們的信念，不能達到他們需要做出的改變。關照基本上需要建立穩固的人際關係，獲得良好的睡眠品質——這些都能成為他們健康與幸福的沃土。

馬克就是這個原則的好例子。他來找我時非常焦慮也睡不好，他想學會正念減壓。我介紹他基本的正念與冥想活動，他

認真進行每週練習，然而在幾次面談後，並不覺得有太多進展，我委婉地請他考慮改變基本生活習慣。我們檢視他的生活架構時，馬克發現自己的工作習慣與他想要的幸福生活互相抵觸。每週工作70小時的他，根本沒時間和家人相處，也因此造成他和伴侶的緊張關係，導致他飲酒過量，這又影響了他的睡眠品質。

我們不能期待冥想能補償過度工作，就像我們不能期待在沙漠中冥想就能解渴——在某個時間點，馬克必須走出沙漠。可想而知，他必須做出的改變並不容易。一直以來對失敗的恐懼導致他工時過長，因此剛開始減少工時，對他來說就像一種放棄，但給了他機會去處理關於他的思考與行動的更深層動力。當他花更多時間休息、和孩子們相處，焦慮與睡眠問題都獲得大幅改善。漸漸地，馬克調整他對成功的定義，他改變重心，專注在與他關心的人建立更好的關係。

> 檢視你的「人生風景」。哪裡被豔陽灼傷，哪裡被深水淹沒？或許是一份榨乾靈魂的工作，也或許是貧乏的社交生活。想想你希望人生的這些部分有什麼不同。閱讀本書時，將這些欠缺照料的部分放在心上，以思考－行動－臨在的原則找出呵護它們的方法。

如同馬克與其他人，我必須以自己的生活方式進行真實的改變。現在回想起來，我並不驚訝自己會生病、罹患憂鬱症，

我忽略自己的睡眠、運動、飲食與社交等基本需求，使身體超出負荷。我強烈懷疑身體的疾病源於自我忽視，它早在我的症狀第一次出現時就開始了。

一位心理師試圖對抗的許多問題，和他協助病人克服的問題一模一樣——我明白這滿諷刺的。多年來，這些痛苦掙扎是我的恥辱來源。為什麼我不早一點迷途知返？雖然受過專業訓練，我對自己的需要卻有盲點，或者說我從未花足夠時間審視自己，沒看出明顯有問題的領域。如果我們從來沒有真正活在當下，就很難看見自己未被滿足的需要。

當我開始與真正的自我合而為一，我使用的是和第一次為病人看診時同樣的方式：我花時間認識自己，檢視生活中的主要架構。我和太太的關係怎麼樣？我有沒有好友圈？我有沒有持續運動？審視生活時，我發現自己在許多方面都偏離了真正的自我。

運用和我引導病人同樣的方式，感覺有點古怪——我甚至還要靠自己寫的書的內容。然而，認知行為治療對於心理師本身的效果，和任何人都一樣，能在自我引導的認知行為治療中感受到全新的我，我懷著無限的感恩。

❖ ❖ ❖

我發現我們太容易與自己疏離，而不知道真正的需要，只要我們回到內在，調整身、心、靈的需求，就能獲得療癒。以

正念覺察為基礎，我們能重建內在連結，發現生活中需要我們以養分悉心照顧的部分。

正如你將讀到，思考－行動－臨在的練習，對生活中每個面向都有幫助，它的益處與冥想模式不同，遠不只脫離痛苦。為自己提供正確的作法，你就能過著健康而完整、充滿目的感的人生。

現在讓我們帶著以上想法，回到認知、行為與正念的基礎練習，你將在下一章學到這些練習，你會發現，這三種組成就是身、心、靈的整體，當這三者合一，能提供一種強大的方式，幫助你打造渴望的人生。

找出行為影響力

　　我們在前一章談到，想尋求完整性與平靜，與自己內在的真正狀態連結相當重要。這一章將概述思考－行動－臨在如何幫助我們連結經驗，以及練習方式。後面幾章我們會更深入研究特定的問題與技巧，藉此讓更健全的行為方法，成為日常生活的一部分。

✦　✦　✦

　　某個初夏的午後，在花園裡的我發現，當年累積的所有情緒全部湧上心頭：我正跪在地上拔雜草，這姿勢彷彿是在溫暖的陽光下祈禱──我突然開始進行感恩的禱告。幾個月前，寒冬中的我覺得自己即將死去；現在，花園裡的我卻覺得多年來從未如此生氣勃勃。我以為是我讓花園充滿生機，然而其實是花園在照顧**我**。

　　這經驗代表我已確實連結自己與我所關切的事物，在這之

前我放棄了大多數嗜好，而進行認知行為治療的最初步驟，是做自己能樂在其中的活動。我喜歡園藝，因此決定擴充後院的花園，設置八個高腳花臺。

我在晨光中為了買木材跑了好幾趟五金行，這已讓我精疲力盡，但不知道哪來的精神和動力，我做好了花臺，並裝滿10噸土壤。晚上，我閱讀園藝的書、觀看園藝影片。我在深冬把好幾百顆植物種子，種在植物生長燈之下。做家事令我費勁力氣，做晚餐也把我累得半死，然而在打造花園時我好像著了魔，被某樣比我的努力更龐大的事物所驅使。

如此精神困頓的我，怎能投注建造花園的精神與體力？是什麼讓我付出勞力，讓我重拾生命，且當我在如聖殿般的花園中祈禱時，這一切達到極致？答案就在思考－行動－臨在中，它的效果更勝於埋頭苦幹的努力。花園的工作很辛苦，然而其中有令人自在之處，關鍵就是我藉由認知行為治療的工具找到的影響力。

駕馭身心靈

我們試著改善生活時，最常面對的挑戰不是該做什麼，而是如何執行**我們想做的事情**。例如，我們知道需要活在當下、改善飲食，或管理壓力，卻很難實現。

費盡心力想改變時，我們會拚命拿出意志力，告訴自己必須「更努力」或「更有紀律」。但你或許發現，意志力不可

靠。我們的動力時強時弱，在疲憊、焦慮或壓力太大時，意志力的成效往往讓我們失望。

意志力如同粗暴的力量，使我們依照目標行事，好像我們把餅乾放在櫃子裡，然後告訴自己：「敢吃那些餅乾你就試試看！」持續累積的阻力花掉我們許多力氣，到頭來我們可能還是會吃餅乾。無論一開始的動力多強大，我們有限的意志力將會耗盡，像使用後的疲勞肌肉一樣[1]。反之，別把不該吃的食物放在屋子裡，才是提供**影響力**的簡單行為方法。在商店裡拒絕餅乾誘惑這樣簡單的消費決定，遠勝於每一次打開櫃子都必須說不。

思考－行動－臨在的練習中，最基本也最重要的是找到更有效的影響力。它們能放大你的努力，如同好的工具能讓你事半功倍。你可以不用鏟子鏟雪，或不用耙子掃落葉，但這樣一來會耗費更多力氣，反而感到挫折。有了更有效的影響力，你便可以不再費勁。

我們為了找到平靜與活得更完整所做的努力，也有同樣道理。認知練習改變我們的思想，讓我們不再與自己的心搏鬥。例如，使人麻痺、自動冒出的負面思想：「一切不會變好，我連試都不用試。」我們可以挑戰並替換它。

藉由行動產生的影響力，讓我們不需要對抗動機，使我們的努力更容易也更持久。例如，我選擇做喜愛的事情——園藝，藉此找到影響力，而不是做我認為**應該**做但沒什麼吸引力的事。

　　正念讓我們放下對現實的抗拒，轉而接受現實。當我不再堅持自己不該生病，就能更有效地與當下的我連結。

　　我的恢復計畫不只包括找回園藝的嗜好，但這個例子最能點出行為影響力的關鍵。本章你將學會思考－行動－臨在的原則與練習，以及你如何替想做的事情找出影響力。後續我們會更全面探索思考－行動－臨在的模式。

立定志向

　　找出影響力的最好方式之一，是立定明確的志向。例如整理後院花園，這個目標是我重生的起點。正念聆聽對於選擇有效目標而言，是不可或缺的步驟。我們的身、心、靈提出什麼需求？轉向內在的我受到觸動，因此打造了一座花園。當我們的志向來自與自己的連結時，會更有意義。

　　明確的目標能將模糊的希望轉變為具體的計畫，並提供願景，讓我們看見人生透過專注的努力所形成的樣貌，因而啟發我們。最有用的目標不侷限於「管理焦慮」、「減低憂鬱感」，以及獲得讓人生變得更好的特定方法。我們能做什麼現在做不到的事？我們認識的人會在我們身上看到什麼改變？，目標提供了令人信服的理由，推動我們的行動——正如建造高腳花臺與照顧花園時，我一再體會的事實。

　　首先寫下所有目標。我列出所有打算種植的蔬菜、畫出花臺的設計圖。把目標寫下來更有真實感，也能使人說到做

到──強調自己真的打算執行，像我會隨時拿出打造花園的目標清單，檢查進度，提醒自己前進的方向。

想一想在第二章（第38頁）你找出生活各領域的目標。在這些生活領域中，你希望做什麼改變？你怎麼知道自己達到目標？試著寫下來，可幫助記憶，也能隨時拿起來看。

投入完整的你

思考－行動－臨在的最佳影響力來源之一，是完整運用你三合一的本性的認知行為治療。**思考**需要的是心智，**行動**引導我們的身體做事，**臨在**連結我們的靈性（圖2）。

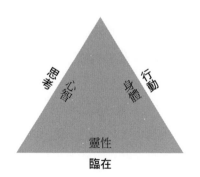

圖2

　　認知、行為與以正念為基礎的治療，在過去數十年來各自發展，最早從1950年代的行為技巧開始。認知治療稍晚出現，始於1960年代，而正念形成了認知行為治療的「第三波」，直到20世紀的尾聲才出現。

　　這三個面向的整合幾乎無可避免。思考、行動與臨在形成連結、合為一體，就像是用三股線編成的繩子。這樣的整合方式利用我們所有的資源，達成共同目標。例如，改變思考往往能改變行為，當我不再想著自己的虛弱與不足，我就能採取朝目標前進的行動。再者，看見自己用新的方式行動，也能改變我們對自己的看法，正如我在建造花臺時，看見自己擁有更大的力量。

　　反過來說，如果忽略這三者的任何一個，都會阻礙我們的努力。沒有行動的思考是遲緩怠惰的；沒有思考的行動是雜亂無章的；沒有臨在的思考或行動是心不在焉的。當思考、行動、臨在這三者都用上，認知、行為與正念療法才能相互加強，讓我們的努力更有效發揮。

　　現在讓我們進一步檢視思考－行動－臨在的組成，以及它們如何共同運作，提供影響力。我們先從正念認知行為治療的核心——臨在開始。

臨在

　　活出原有的樣貌，就從正念臨在開始。近年來「正念」成

為某種流行用語，數不清的雜誌封面是喜悅的人們盤坐在沙灘上，或在無邊際泳池邊冥想的照片。這些老套的圖像模糊了正念的真正力量：無論日子多麼平凡與混亂，都要在日常工作與生活中完全活在當下。

只要兩種簡單的改變，就能讓我們進入正念的意識：將注意力放在當下，敞開心胸接受在當下的發現。我們將在第四章與第五章深入探討正念，現在讓我們先了解基礎知識。

活在此時此地

某天傍晚我從火車站走回家時，腦海中全是其中一個孩子生重病的悲傷場景。突然間我活在一個假想的世界裡，彷彿那才是真實世界，因而對湛藍的天空、悅耳的鳥鳴與美妙的霞光都視而不見。擔憂和悲傷令我反胃，好似我心中的虛構事件已經發生。

然而只要想著此刻事情沒有發生，就會有令人訝異的效果。我們可以期待與計劃未來，或者從過往經驗學習，品味腦海中的回憶，但這麼做有其風險，就像我走路回家時感受到：我們大部分時間可能都在半夢半醒的狀態中度過。我們陷在關於未來的想法中——擔憂可能發生的事，預先計劃，期待下一件事；或者我們反覆咀嚼回憶，活在過去，在腦海中重複播放與他人的對話，對曾經犯下的錯誤心生罪惡。我們活在這些夢境裡，彷彿它們才是真實生活，甚至不知道自己在作夢。

時常迷失在過去或未來，如同一直盯著手機，讓腦海中充

斥許多分散我們注意力的事物，卻未意識到我們真正存在的地方。我們受到心中所想事物的影響，它們往往既無用又不討人喜歡。我們擔心永遠不會發生的狀況，後悔無法改變的事物，同時卻錯失了真正的生活。

相反的，斯多葛派哲學家、羅馬皇帝馬庫斯‧奧理略（Marcus Aurelius）說：「如果你看到當下，那麼你就看到了一切[2]。」生命就發生在當下，我們的身體只存在於當下。真實的人（不是我們在心裡創造出來的人，比方說我想像中苦於病痛的孩子）永遠存在於此時此地。唯有此刻我們才能體驗感官世界，並且在其中發現自己——靈性連結也發生在當下。

關照當下最重要的理由，是它能讓我們回應眼前事物的需要：「我們活在現在。」本篤會修士大衛‧史坦德‧拉斯特（David Steindl-Rast）說，「依照每一刻的召喚調整自己，聆聽並回應每一小時、每一個狀況帶來的事物[3]。」

正念的第一項原則，就是進入當下。那是生命正在發生的地方，也是與真實的自我一致的地方——我們只能活在此時此地，這是最基本的真理。進入這種狀態需要堅定的努力，因為心智總是不斷地把我們帶離當下。唯有刻意練習，我們自然能保持正念臨在的狀態。

不要批評自己沒有處在當下，注意力放在其他地方不是壞事，只是這麼做會使我們無法充分體驗生命，或回應每一刻。此外，對思考－行動－臨在而言，臨在是最有效運用思想與行動的狀態。

釋放對現實的抗拒

正念另一個主要面向,是不評判。正如活在當下,說比做要容易得多。評估狀況**對我有利**或**不利**,似乎是我們的預設模式:「我喜歡或不喜歡這個人?」「今天順利或不順利?」

如果把注意力放在心智,你會發現它無時無刻在自動做出判斷。騎腳踏車時,我發現我把騎乘分成好與壞兩部分:下坡很好,速度、輕鬆的程度和大熱天裡吹拂的微風都很棒;上坡很糟,灼熱疼痛的大腿、一絲風都沒有以及氣喘吁吁。我直覺認為曲折的上坡路**不該存在**。

最後,我發現自己騎車時,幾乎總是希望上坡消失,因為上坡比下坡更費時。當我放下內在抗拒爬坡的念頭時,差異叫人大吃一驚。我不再需要費力抵抗身體的挑戰加上心理的抗拒這兩件事,而能專心爬坡。騎車上坡依舊十分辛苦,然而當我停止心中不斷默唸**這不該發生**,爬坡容易多了。即便外在環境沒改變,內在的接受卻徹底改變我的爬坡經驗。

> 花些時間留意,你是否正抗拒現實。你是否積極推開某件事,或告訴自己「這件事不該發生」?生活中有哪些「上坡」是你覺得自己會習慣性抗拒的?如果敞開心胸接受這些經驗,會有什麼結果?放開對境況的抗拒,處理它們。

接受與臨在是密不可分的。唯有接受當下的發現,我們才

能澈底活在當下。練習接受，放開對現狀的抗拒，我們就能與
經驗建立更深的連結，讓我們更能迎合每一刻的需要。

帶入思考與行動

　　正念是認知與行為技巧的基礎。注意力集中在當下，較容
易觀察到心智的作用。我們可以留意心智告訴我們的事，卻不
需認為它們是真實的。當我在走回家的路上「醒來」時，我創
造出的悲傷故事如霧散去，我的心智充滿了眼前美麗的場景。
正如第四章將提到，正念臨在甚至能改變我們與思考和信念的
基本關係。

　　我們也會看見，對每一個當下敞開心胸，可減少抗拒、增
加目的感，讓我們去做對我們而言重要的事情。注意力的品質
能改變一切，甚至連洗衣服這樣簡單的家事都行。我可以把衣
服放進洗衣機，同時擔心它要洗多久，又擔心還有其他事要
做；或者我可以注意現在要做的事，不去抱怨它必須花掉我許
多時間。抗拒的心態讓洗衣服變成令人厭倦的事，活在當下與
接受，卻能使它成為莫名喜悅的經驗。

清晰的思考

　　　　現在是下午3:30。
　　　　那輛車子是藍色的。
　　　　我是個沒用的人。

這段文字的最後一項敘述（也是一個無聲的、僅憑直覺的印象）與前兩個可證實的客觀事實不同。前兩個敘述無須解釋，然而想著「我是個沒用的人」需要大量解釋。我們往往沒有發覺自己的心智從閱讀客觀事實與轉向發表評論，如果不能正確辨認我們的思想，我們就會活在心智創造出的假想中。

陷入憂鬱情緒時，我的思考通常有個模式：我時常批評自己，責怪自己所有的問題。會生病都是我的錯，我錯在精疲力盡，我錯在讓家庭陷入財務危機。我的心智說服我，自己無藥可救、一團混亂，自我了結對家人比較好。

心智具有影響我們情緒與行為的力量。即便是逃過我們有意識覺察中短暫的思想，都能對我們的經驗產生影響。

- 我們告訴自己「你不該那麼做。」所以我們感到罪惡或羞恥。
- 我們認為「他們應該更體貼。」因此我們很生氣。
- 我們想著「我頭很痛，這表示我得了腦瘤。」這讓我們很焦慮。

信念也會影響我們的行動。我們相信自己生了病，所以去看醫生。許多研究顯示，思想甚至能造成焦慮症與憂鬱症等嚴重的狀況。

我們時常在思考；即便決定不思考，腦子還是會這麼做，心智就是擅長思考。心智若不是用話語說故事給我們聽，就是

從我們的記憶庫中編造一些場景或取出一些影像。心智陷入了想像，以至於我們不明白自己到底在想什麼。我們假定腦海中永不停止的思想既真實且有意義，因此會把思考的事物與觀察到的真實事物搞混。腦海中的事件以我們或許沒有注意到的細微方式，塑造出我們的生活。

令人遺憾的是，這往往不是好事，因為我們的思想很容易偏向負面。我們看見不存在的危險，我們毫無必要憂慮著未來，我們假定別人都不懷好意。我們想像著他人想著我們的缺點，而他們也擔心我們想著同樣的事。我們對自己的看法通常極為扭曲，因為我們誇大自己的缺點，低估了自己的力量。我們甚至像我本人，相信一些自我憎恨的想法，而這樣的想法可能導致自殺。

發展出認知治療的人[4]明白，思想的強大效果能作用於情緒與行為，這些人們深受愛比克泰德（Epictetus）等斯多葛學派哲學家的影響，他的名言是：「困擾人們的不是事件，而是人們對事件的判斷[5]。」我們做出的判斷往往有著同一個信念，影響我們所有的經驗。

檢查你的濾鏡

高中時我配了第一副眼鏡。我之前不知道自己近視了，因此戴上眼鏡後非常震驚：我看得見樹上每一片葉子！眼鏡改變我對眼前一切的感受，原本我還以為大家跟我看見的一樣，眼前的樹木都是一坨坨綠色。

我的病人強納森沒有注意到他用心智眼鏡看著世界。他相信自己很可悲，他的衣服很可悲，他的午餐也顯得可悲，甚至認為他覺得可悲的這件事本身就很可悲。他覺得這副「眼鏡」是他的一部分，他甚至不知道自己戴著它。

強納森的心智眼鏡反映出一個核心信念，那就是自身的不足。在認知行為治療中，對自己、他人與這個世界所做的堅定不移的假設，稱為「核心信念」。有些核心信念或許有用且正確，而其他如強納森的信念，卻是錯誤的假設。強納森接受療程後，他發現了心智告訴他的事，以及一再出現的核心信念。

要強納森改變核心信念並不容易，自從有記憶以來他就那樣相信。沒有明確的證據顯示他很可悲，他卻堅持這信念。後來某次他在我們的面談中崩潰，當時他正在描述工作時做的簡報，以及整件事既愚蠢又不夠有分量。

這次我稍微施加了點壓力，問他這些假設的證據在哪裡？由於他認為自己的失敗不證自明，因此一開始他似乎很惱怒我的追問。「我了解你這樣看待自己。」我說，「但我還是沒有聽到你的簡報到底哪裡愚蠢或不夠有分量。」最後他衝口而出，「我就是知道我是這副德性！」

說完他默默瞪著雙手，我看得出強納森不再透過那沒有用的眼鏡向外看，反而是**看著**那副眼鏡。「我就是這樣看我自己。」他抬頭看著我，熱淚盈眶地說，「我就是這樣看我自己。」他又說了一遍。「天啊。」他的聲音既恐懼又釋懷，恐懼的是他這麼久以來一直自我批評，釋懷的是他明白對自己的

評價是錯的。

在接下來幾週，拿下眼鏡的強納森訝異地看見世界發生了戲劇性的轉變。他幾乎無法相信他的心智欺騙了他，讓他痛恨自己，以及他的思想一直在創造他的現實。開始相信自己的價值後，他開始以全新的方式感受這世界和其他人。強納森生活中的基本要素完全沒有改變，但他的觀點改變了每一件事。

改變你的心智

想挑戰錯誤的信念，關鍵在注意到它們。意識到心智打算做什麼，才能讓想法更為有效。練習留意沒有幫助的想法並不難，因為你的心智幾乎總會在接下來幾分鐘對你說故事。光是意識到心智正在捏造一個事實，而不是向你報告第一手資訊，就能產生非常強大的力量。

有一次，我意識到自殺的想法是心智告訴我的故事，於是我進一步檢視這想法。我問自己，「家人沒有我真的會更好嗎？」在傳統的認知治療中，我會寫下自動出現的想法，有條理地審視支持和反對的證據：「我遺漏了什麼？」「我的心智誇大了某些事，卻忽略了其他事嗎？」「祖父的自殺對他的家人有益處嗎？」

解放心智的思想，並把這些思想寫在紙上。寫下我們的觀察，檢查信念是否與現實一致時，有系統的方式能提供許多影響力。然而和多數人一樣，我不覺得要按步驟完成，僅僅是**看見故事**就使我獲益良多，這在**思考**方式中是必要的第一步。

一旦領悟到我的想法可能是真的，也可能不是，就能換個角度看事情：

- 我的家人沒有了我會更糟。
- 我其實讓他們的人生更有價值。
- 他們需要我參與更多，而不是更少。

讓我們看看當心智在編故事時，會發生什麼事。例如，你喉嚨有點癢，就覺得自己得了鏈球菌喉炎，這個想法讓你在心裡捏造出一個世界，在這幻想世界裡你已經生病了。然而當你注意到這個故事，然後問自己其他可能的選項，或許你只是需要喝水，或只是過敏症狀──突然間假想世界崩解了，速度快得和心智建造它時一樣。

下一次當一股焦慮感襲來，或有其他不舒服的情緒時，停頓一下，深呼吸，然後問自己：「剛才我心裡浮現的是什麼？」把你的發現寫下來。留意基於你的思考而延伸的情緒有沒有道理，例如當你的心智說：「我對別人沒什麼幫助。」因而感到悲傷。最後，問自己以下這個關鍵問題：這個想法是千真萬確的，或有其他方式看待這個情況？

正念思考

生病又陷入憂鬱時，我反射性的回應就是認為這件事**不該發生**。我不應該沒有明顯的理由就生病，我不應該這麼累，我不必這樣受苦。這些回應反映出一個根深蒂固的信念，也就是**人生中不應該出現任何問題**——或至少不該如此艱難。

多數人都有這個想法。在某種程度上，我們知道人生很艱難，不可避免要受苦。然而每次我們遇到問題，感覺就好像是這宇宙程式中的一個小故障，並想著：「我無法相信我得處理這件事。」

如同正念臨在影響我們的思考，這些心智的故事也會影響我們維持正念的能力。如果深信生命對我們有所虧欠，我們就無法真正臨在，敞開心胸接受遭遇到的經驗。

有天晚上爬上床時，我認出腦海中反覆播放「我好悲慘」的熟悉念頭，還有那些導致我抗拒困境的想法。那一刻，我將毫無用處的想法單純視為故事，並找出其他可能解釋自己情況的方法。或許問題就是人活著的一部分；或許我具有迎向每一天挑戰所需的能力；即便艱難，或許我還是能獲得平靜。

我們的心和腦相互支持：**臨在**支持**思考**，思考又讓我們回到臨在。當然，心和腦需要方法與世界交流，這讓我們採取**行動**，也就是思考－行動－臨在中的雙手。正念與正確的思考能替行動鋪路。

有意圖的行動

當寶拉為了治療她對狗的恐懼來找我時,她知道自己的恐懼毫無道理,因為她的伴侶已經提醒她無數次。然而她依舊感到焦慮,想要迴避。針對像寶拉這樣的恐懼心情,進行長期的討論不太有效,因此我們把重點放在協助她面對怕狗這件事。漸漸地,寶拉發現不只焦慮減低,對狗的信念也改變了——身之所往,心之所向。

正如信念可以形塑現實,行動也可以改寫我們信念,當理性論證不足以改變心智時(就像寶拉的恐犬症),這麼做尤其有用。大腦總是基於行動做出推斷:我們是誰、這個世界的真相、什麼對我們而言才重要。如果靠近令我們恐懼的事物,或許它們並不是真的有危險;如果好好對待自己,我們一定是值得好好照顧的人;如果對某項志業付出心力,我們一定是很在意那件事。行動改變了我們,行為就是治療。

認知行為治療中的行為,是以公認的原則為基礎,它可追溯至古代,例如當我們面對不切實際的恐懼時,恐懼就會降低。20世紀上半葉的動物實驗證實了這些原則,以狗和鴿子進行的研究[6],也適用人類行為科學,這和發展行為治療的學者[7]的發現一樣。他們以針對行動的簡單改變為基礎,設計出對焦慮症、憂鬱症和創傷壓力症候群等狀況的有效治療方式。

行為治療的原則遠遠超過治療像保羅那樣的苦惱,它能替我們的改變提供影響力。讓我們來看看行為治療的重要概念。

確認成本與回報

在陷入嚴重的憂鬱症時，我逃避許多事：家中大大小小的雜事、休閒與社交活動。省略某些麻煩事，似乎令人輕鬆不少，然而我的生活圈縮小了，我陷入更深的憂鬱黑洞。我對行動帶來長期與短期回報的期待，依循一個常見的模式，也就是立即獲得回報（心情輕鬆），以及不那麼明顯的延遲成本（憂鬱症）。但這樣的模式是錯的，會以違反我最佳利益的方式塑造我的行為。

終於認清逃避的後果時，我訂定計畫，再次參與生活中的事，包括打造我的花園。我行動計畫的成本是立即的（時間與精力），感覺更好的回報則在接下來的幾個月裡逐漸顯現。

你選擇採取的行動，幾乎可說是你所認為與行動相關的成本與回報間的平衡。理解行為的成本與回報模式，能設計出讓你與真正目標合一的策略。你可以培養更健康的習慣；你可以計劃讓你脫離憂鬱的有益活動，像我一樣；你也可以面對過去阻礙你過著充實生活的恐懼。

行為影響力的關鍵，在於做你想做的事情時，盡可能花費低成本、獲得高報酬。這正是思考－行動－臨在中的**行動**達成的目的。

大處著眼，小處著手

我治療寶拉對狗的恐懼時，沒有從撫摸大狗開始，而是先面對較小的恐懼，例如鄰居遛狗時和對方站在街道的同一邊。

這些行動替她帶來自信，減低恐懼。漸漸地她可以應付更大的挑戰，包括去狗狗公園，在那裡摸一些沒有繫鏈的狗兒。

將令人卻步的事分成數個較小的任務，是行為治療最有效的方法之一。這種方法像是拿一把梯子，把不可能的一大步——從平地到高處，變成一連串可以應付的小階梯。爬上了較低的階梯時，那些較高的階梯也變得不難抵達。

依此類推，在行為治療中只要避免太過龐大，沒有事情是過於困難的，從小處開始，把大的任務化為一系列小任務，就能完成我們以為不可能的事。一旦開始，就能繼續。

想想那些你一再拖延的事，像是令人望而生畏的挑戰或叫人氣餒的家事，把它們寫在一張紙上。接下來，寫下為了完成這些事而能做的第一個小步驟。務必確認這是一件可以達成的小事，即便它看起來小得誇張。你是否有可能很快跨出第一步，例如今天？

我們很容易把這些微小行動的價值打折扣，認為它們怎能改變任何事？然而人生就是一系列小小的行動所組成，單一建設性的行動或許看來沒什麼大不了的，但一直不做，後果就很嚴重。從沙發上站起來、到花園去工作，只做一次不會治好我的憂鬱症，但如果繼續逃避，會讓我更加陷入絕望。面對你最初的微小恐懼不會改革人生，但永遠不跨出那一步，會使你恐懼與停滯不前。呼吸是個微不足道的小動作，但不呼吸就是緊

急事件了。我們就是藉由做這些小小的事，每次跨出一小步，才能完成生命中的大事。

持之以恆

微小行動的內在力量，需要持之以恒地進行。這個月存下5％收入，無法成為一筆足夠的儲備金，然而持續40年、每個月都這麼做，就不同了。如果你僅止一次鼓起勇氣接近恐懼的事物，恐懼十之八九還是如影隨形，但一次又一次正面迎向恐懼，恐懼感就會逐漸降低。

行為治療正是透過持之以恆提供影響力。我的認知行為治療目標之一是持續運動，因此我安排在特定的時間進行特定的運動，並寫在月曆上，以免忘記。可靠的伴侶也能幫助你持之以恆；和另外一個人約定好，能讓我們信守對自己的承諾，比方說我和太太會安排時間一起做瑜珈。當你知道自己會沒什麼動力時，也可以採取降低行動成本的方式，例如在健身前一晚把要穿的衣服和鞋子拿出來，降低隔天早上健身的阻力。

帶著正念的行動

開始進行自我的認知行為治療時，我明白過度工作與長時間看螢幕會中斷我的正念臨在。在行事曆中加入更多冥想時段不是解決之道，我需要讓日常習慣與身、心、靈的需要合一。這合一的行為本身就是正念行動，當我做需要完成的事情時，我很自然地進入一種更能接受與覺察的狀態。

　　原則上任何事情都能帶著正念去做，然而不一致的行動會妨礙正念臨在。例如忽略睡眠，或是拖延必須要做的事情，代表我們透過行動抗拒現實——需要睡眠或需要工作的現實。其結果就是，我們無法真正活在當下。如果我們用冥想逃避必須關注的事情，那麼就算冥想也不算是一種正念。

　　正念臨在引導出正確的行動，正確的行動又能培養出更好的臨在。例如在寶拉的治療中，以正念接受不舒服的感受，能幫助她面對恐懼，使她在生活中完全活在當下。我們往往認為練習正念必須有儀式，例如冥想或祈禱，然而我們所做的任何事，都邀請我們臨在並參與其中。當我們敞開心胸接受來到面前的事物，每一天的行動都成為靈性練習。

合而為一

　　我已分別描述思考－行動－臨在三個部分，然而真正的力量來自它們合而為一，成為整體。多年前，我在辦公室感受到這股力量。那天是週五晚上，忙碌的一週剛結束，想到所有還沒完成的工作事項，我覺得難以負荷。當時我想，只好待晚一些把事情做完，即使我已精疲力竭，想休息一下。

　　但接下來我意識到自己是多麼瘋狂，我知道我不能在這種狀況下採取行動，因此我進行思考－行動－臨在的第一步驟：我回到內在，回到當下那一刻。我把手放在桌子上，連結真實且當下存在的事物，然後慢慢地吸氣與吐氣。我立刻覺得些許

緊張感消失，我感到正向，那天晚上或許不必如我所以為的那麼緊迫。

當下我的壓力稍微小了些，也覺得心情更平靜，我問心智說了什麼故事。我發現腦海中充滿各種「必須」：「我必須完成這篇部落格貼文。」「我必須回這些電子郵件。」「我必須讀完這一章。」客觀檢視這些想法時，我明白這些任務沒有一件像我以為的那麼緊急，也沒有一件必須當天完成。我換成更有幫助的說法，告訴自己：「已經很疲憊的時候我不必逼迫自己，我會有其他時間完成這些事情。」

最後，我用正念覺察和新的觀點採取適當的行動。這表示我要做一個時間表，排入每一件我必須做的事，確保自己能準時完成；然後我收拾好東西，騎腳踏車回家，與家人共度週末。從靜下心到選擇行動的過程只花了兩分鐘，卻徹底改變了我的週五夜晚。我沒有帶著壓力與疲憊迎向太太和孩子，而是懷著我們能共度週末的興奮心情，以及知道之後將會完成工作的平靜感受見到他們。

如實前來

將近2000年前，羅馬皇帝與斯多葛派哲學家馬庫斯・奧理略（Marcus Aurelius）就已將思考－行動－臨在的精髓總結如下：

客觀的判斷，現在，就在此刻。〔思考〕

無私的行動，現在，就在此刻。〔行動〕

願意接受 —— 現在，就在此刻 —— 所有外在事件。

〔臨在〕

這些就夠了[8]。

　　奧里略甚至點出了臨在的主旨：現在判斷，現在行動，現在接受。

　　讀到年代久遠但分毫不差地描述現代正念認知行為治療原則的文字時，我往往十分驚嘆，但或許也沒什麼好驚訝的，畢竟所有好的概念似乎都是早已知道的事。如同大部分強大而且具有變革性的事物，正念認知行為治療是非常簡單有效的作法，原因正是它並非無中生有。

　　話說回來，正念認知行為治療也不只是重新包裝古老的智慧。認知行為治療的力量，源於整合了古老的觀念與近期揭露的科學知識，這些科學知識涉及驅動我們思想和行為的力量以及正念的影響力，從根本上改變我們面對世界的方式。整合後的治療方式提供有系統的架構，讓執行方式更有原則。

　　藉由這個架構，我們可以發現自己往往忽略思想的世界、成本與報酬模式的世界、時時刻刻與自身經驗結合方式的世界。關注這三個面向，徹底轉變了我的人生。正念意識（臨在）引領我進入當下，與自己最深刻的部分連結；訓練我的心智（思考）平息了腦海中自我厭惡的風暴，使真相浮現：宇宙

召喚我進入臨在,我被如實接納;僅僅改變行為(行動),例如建造我的花園,讓我感到喜悅又充實。而這三者緊密相連且互相增強。

因此請如實前來,與本性合一,從你找到自己的地方開始。你擁有所需的一切:用來判斷的心智,用來行動的身體,和樂於接受的靈性。思考-行動-臨在可以用於你的每一部分,以及你人生中的每一個領域。

現在你已經很清楚認知、行為與正念方法的主要技巧,以及它們彼此如何互補,接下來讓我們進一步探索,當我們不再抗拒並開始接受經驗時,會發生什麼事。無論是什麼阻礙我們找尋平靜,或內在受到什麼傷害,我們都能從專注於臨在的覺察開始。

接受正發生的事

我們在第三章探討了思考－行動－臨在的三個要素，以及三者如何相互作用，打造我們想要的生活。這一章的重點放在正念，也就是思考－行動－臨在的基礎，它支持並加強正念認知行為療法中，所有認知與行為的部分。我們將探討對經驗說「好」所代表的意思，以及為何這樣簡單的回應能改變一切。正念覺察是思考－行動－臨在的一部分，我們在第五章會練習達到正念覺察的特定方式。

◆ ◆ ◆

「噢糟了！」我停止打字，用力閉上眼睛，心想：「有沒有搞錯！」那晚我第三次試著把我八個月大的女兒艾達放上床時，很確定她累到會睡著，然後我下樓，繼續寫計畫申請書，但現在她又哭了起來。

我在心中默默感謝身為父親的這份殊榮──才怪！我一點

也不高興必須停下手邊的工作、上樓照顧她，我低聲咒罵，準備進入訓練她睡覺的第四回合。

我打開嬰兒房的門，機器製造的白噪音和艾達的哭聲一起迎向我。**深呼吸**。我把她抱在懷裡一會兒，等她平靜下來，再把她放回嬰兒床。她立刻翻身，我再度開始拍她的背，也替困在這裡的自己感到難過。

「我不敢相信妳還不睡覺。」我在黑暗中咬牙切齒，「我得工作，沒時間跟妳耗，這太誇張了！妳這麼累，應該已經睡著才對。我恨死這樣了，妳幹嘛不好好睡覺？」幾個晚上以來我都在訓練艾達自己睡覺，每一次我把她放下，就希望她很快睡著，但很少如此。她一哭我就得回嬰兒房，對此我感到既憤怒又厭惡。

但這晚有點不一樣。我站在黑暗中拍著女兒小小的背，突然想到這一刻其實沒什麼不對。我沒挨餓，也沒有痛楚，我的家人很安全；大致來說，事情沒那麼糟。白天我其實沒什麼時間陪寶寶，但現在我正和她共度一些時光。幾個月前她心臟出問題時，我可不覺得健康是理所當然的事，但她現在很健康，而我知道有一天她終究能自己睡著。

我們如何在生活不順遂時依然喜悅？哄寶寶艾達睡覺的經驗，給了我非常確定的答案。我還是想讓她盡快睡著，我希望不必再回到嬰兒房，但我從抗拒，轉變為接受當下發生的事。

做你正在做的事

哄孩子睡覺使我不滿，是因我**拒絕接受正在發生的事**。我滿腦子只在乎當晚的計畫，抗拒任何擋路的事。然而我體驗到思考－行動－臨在給予的一切：不同的**臨在**品質，澈底改變我如何**思考**，使我能將**行動**配合我的狀況，於是喜悅隨之而來。

接受了艾達還醒著的事實，我立刻看穿心智透露的虛構故事，尤其是我堅持「這件事不該發生」。在正念的脈絡下接受事實，不必然表示我們**喜歡**某個情境，或屈服於它，接受與承諾治療（ACT）是一種很強大的認知行為治療形式，對於創始人史蒂芬・海耶斯（Steven C. Hayes）而言，接受是擁抱我們所有的經驗。史蒂芬告訴我，「『接受』這個字源自意思是『收到』（receive）的拉丁字根[1]。」與其對抗經驗，我們選擇接受經驗。此外，正如史蒂芬所指出，我們得到的體驗可能成為一份禮物。

當我們不再拒絕現實，與女兒共度的那些時光**確實**像一份禮物。當我去衡量這份禮物的價值時，我會吃更多不必要的苦頭，而我可能也把不好的能量散發給艾達。艾達不肯睡覺，最糟糕的不是她不睡覺這件事，而是我堅持情形應該有所不同。當我敞開心胸接受正在發生的事，我只是承認**現在事情就是如此**。情況完全沒有改變，我卻完全從心智創造出的虛構故事中解脫。

大多時候我們的不開心不是因為所處的狀況，而是**沒有真**

正身在其中。我們的身體在當下，心思卻逃離當下，去做我們以為該做的事。我某個愛跑步的朋友就是這樣，多年來他每週跑步六天，他經常參加跑步競賽，但是當他受了傷，無法承受跑步對腳帶來的衝擊後，他改為競走——但他痛恨這項運動。我看到他早晨出門走路時，通常皺著眉頭。

有天我們擦肩而過，我問他好不好。他回答：「我痛恨不能跑步。」我聽出他聲音裡的悲傷，哀悼著失去喜愛的事，我也明白他每次出門做的事情**不是跑步**。他當然痛恨這件事，競走沒那麼糟糕，但是不能跑步一點都不開心。當他穿上不是跑步的衣服，繫上不是跑步鞋的鞋帶，早晨進行的不是跑步活動時，每一部分都提醒他自己真正想做的那件事。

> 下一次你必須做某件看來不愉快且想奮力抗拒的事，例如洗碗或倒垃圾，只要你正在做這件事，就全心去做。當你注意到心智正在拒絕這個經驗，試著友善地接受它，觀察是什麼感覺。你不必試圖讓自己喜歡上它，只要接受它正在發生。

當我把注意力放在我認為**應該**要發生的事情：艾達在睡覺，我沒坐在電腦前面時，我並沒有真正在做我正在做的那件事：我沒有揉她的背，我也**沒有在工作**。我生氣不是因為艾達醒著且需要我，而是因為我的注意力放在我做不到的事情上。

拓展正念

那天晚上我站在嬰兒床前的發現，就是人們常稱為「正念」的表現。它有各種定義方式，然而它的本質是以接受的心活在當下，正如我們在第三章所讀到的，這種態度與我們把焦點放在過去和未來以及抵抗現狀的習慣傾向相反。

對於是否該以「正念」稱呼這種活在當下的方式，我有些猶豫，因為讀到「正念」這個詞時，你腦海中或許會浮現某人正在冥想或是做瑜珈的畫面；你或許也會想像美麗而整齊排列在海邊的石子，或是一朵水中的蓮花；也或許是某位東方宗教（尤其是佛教）的大師，這些標籤有其限制。我們總是深信正念與某些動作有關：盤腿而坐，閉上眼睛，深呼吸，感受你的身體。

這些正念的概念會限制你與每一刻的相遇，正如「神」的概念也會限制我們對真正神性的理解。當我們相信正念是**這樣**，我們也會認為其他就不是**正念**：正念是冥想，但不是和伴侶說話；它是調整我們的呼吸，但不是做晚餐；它是練習太極拳，但不是開車上下班。然而，無論我們在做什麼，都可以用開放和臨在的態度。開放和臨在對於我們稱之為「普通」的時刻和我們戒慎恐懼視為「神聖」的時刻同樣重要。

對於正念的一般性描繪，使它顯得非常美好、平靜和泰然自若，但也有一點高不可攀。我們知道自己的生活一點都不像雜誌封面的正念圖像，反之，真正敞開心胸的臨在經驗，絕對

不平順也無法預測。正念覺察有時候令人感到放鬆與平和，但也可能是不完美、狂野與毫無邊界的。

區別有侷限的正念**概念**，以及開放與臨在的**經驗**十分重要，否則正念臨在只會讓人覺得複雜難解，彷彿必須在我們平常習慣中添加一些作法。但正念與其是加法，不如說是減法，它實在是件很簡單的事：我們只要接受每件事。當我們注意到自己想暫停與逃走，試著反過來，接受這一刻的感受。即便真的停下來，我們也可以接受那意識：「現在的我費盡心力只想停在這一刻。我要逃走。這件事正在發生。」

雖然有上述限制，我在本書中還是會使用「正念」描述敞開心胸的臨在經驗。只要記住，這個標籤並不囊括所有經驗，以及正念不代表任何我們聯想到的外在形式。

與現實合一

如果當我試著寫作時孩子們安靜地在看書，我就對現實很滿意（此刻他們就在看書。幹得好，宇宙！）如果他們正尖叫扭打，那麼現實**爛透了**。當我處於預期模式，只要天氣、溫度、人們如何對待我、我的身體狀況等每件事超出預期，我就難以平靜。那也是我在女兒的睡眠訓練時所採取的立場，因為我期待一切按計畫進行。

抗拒經驗的典型模式，使我們在人生中放入許多期待，認為**現實應該有所不同；我必須掌控情況；我要求確定性；這些**

事不該花這麼久的時間；**我必須很舒適自在**。這所有信念中，常見的思考方式就是以經驗是否符合期待，做為評價生活的基礎。彷彿一切與我們唱反調的事，最大的壞處就是阻礙我們通往幸福之路。

進入臨在與接受的狀態，我們就能與這世界的真實樣貌合一：**這就是人生**。我們開始看透之前誤以為是現實的信念，就好像那晚我在嬰兒房的預期：「艾達應該要睡著。我不該一再地哄她。」我以為我的預期才是正常狀況，而現實得罪了我。我以為我強而有力地表達我憤怒的願望，宇宙應該要給我更好的結果。當我覺察時，我知道我希望情況以某種方式呈現，但並不代表它必須照著我的規則走。

現實不在乎我們的「應該」是什麼，如同天氣不關心我們的天氣預報為何。誰說艾達**應該**睡著？甚至或許基於某些我沒察覺的因素，她很有理由醒著。我們堅持世界應該向我們的期待低頭，但唯一的真相是，我們只能向現實妥協。然而當我們敞開心胸，就算在非常艱困的時刻，也能找到平靜。

讓覺察改變一切

在艾達事件讓我大開眼界的不久後，我治療一位名叫賈許的年輕人，他正苦於社交恐懼。他是個好人，剛從學院畢業，在工地上班，同時尋找與專業領域相關的工作。他擔心自己的社交恐懼會阻礙職涯，因此來找我進行數週的認知行為治療。

　　初次會面時我跟賈許介紹，正念臨在之於社交狀況的基本概念，也給了他一些功課回家練習。第二次會面時，我問他做得如何。「呃……」他開了口，但不太確定如何表達，「把注意力放在對話中發生的事情時，我不再執著於他人對我的印象，因此我對旁人就不那麼焦慮。我發現當我只把注意力放在正在做的事情上，像是洗碗，我的心就會停止重播我覺得自己很笨拙的互動。只要把意識專注在呼吸，我甚至更容易睡著。因此我覺得正念……對每件事都頗有幫助。」

　　他說得對極了。正念就和睡個好覺很類似，它能改善生活中的每個面向。不一定每個人都能像賈許很快獲得改善，不過持續練習就能得到效果。研究顯示，正念訓練有助於減緩失眠、憂鬱症、焦慮症、強迫症、恐慌症、慢性病、社交焦慮、飲食失調、酒精成癮、邊緣性人格疾患、注意力不足過動症和創傷後壓力症候群。

　　正念練習的成效不止修復心理障礙，它對於創造力、正向情緒、壓力管理、集中注意力、生活滿意度、人際關係與生活品質感受，甚至對敬畏的感受等都有益處。正念練習能改變大腦的結構，還能改善免疫功能。

　　一個簡單的做法竟能產生如此廣泛的影響？很難指出哪種介入治療能在這麼多領域發揮作用，而這個做法與其說是「介入」，不如說是空氣、水、食物等生命的基礎。

　　關於正念覺察，也有類似的原理。臨在的品質對所有經驗都會產生影響，因為我們就是如此與世界交會。如果我們一直

以來戴著隔熱手套，那麼只要脫掉手套，就能提高我們對每一項活動的敏感度。我們會很驚訝地發現打字、整理文件、按遙控器按鈕和穿針有多麼容易。活在當下，擁抱此刻，基本上也以類似的方式改變我們的經驗。

然而這並不代表與經驗有更多連結總是令人自在舒適。戴著隔熱手套時，手的動作比較笨拙，但它能保護我們的手，因此有時候完全處在當下會十分痛苦——例如在悲傷時，或體會他人痛苦時。如果希望藉由正念活出極樂人生，我們可能會將這種練習當成逃避不適的方法，而不是用它來擁抱全部的人生。正念覺察的部分禮物，在於它幫助我們看見，舒適或許不是人生最高目標。

希望有好事發生是人的天性，然而比起時時刻刻趨吉避凶，我們有更充實豐富的方式活在世上。這麼說可能有點矛盾：願意感受每一件事，我們的痛苦反而更少。以正念專注在當下，就好像把我們身體的重量平均分配在前後左右，如此更能對朝我們而來的事物做出反應，而不會失去平衡。在這樣的過程中，我們就能意識到更有意義、更富足的人生。

回想某次你的心智堅持某個特定事件必須達到你想要的結果，例如某個醫療檢查或工作面試的結果。執著於特定結果才是你能接受的唯一結果，當時感受如何？對任何結果稍微敞開心胸，感受又是如何？

遠離心智與情緒

當我在寫這本書時，我對它的想法與感受每天都不同。有些日子我覺得很樂觀——這本書會寫得很好；有些日子我的焦慮揮之不去，想著「我沒辦法再寫了。」對於這樣變來變去的想法，過去的我反應很大，當我覺得事情進行得很順利時，我得意洋洋；當我自我懷疑時，就會很絕望。彷彿我過得好不好，取決於我短暫的心理狀態。

幸虧我學會將這些起起伏伏的心情，看成沒有參考價值的噪音，它們往往被與我的書無直接相關的事情左右，例如我的情緒和活力，或是我的壓力多寡。藉由正念臨在，我與我的心智與情緒保持一段距離，將它們視為正在發生的事件。「現在我很有信心。」「現在我有些自我懷疑的念頭。」從這個有利位置，我不再強烈認同我的思緒與感受，反而成為自身經驗的**觀察者**。

艾達不睡覺令我沮喪，我因而認為這情境本身令人惱怒，我沒有察覺到造成我惱怒的心智與情感過程。我無法審視我的反應，更遑論改變它們，因為我認為這情境本來就會讓我有這種反應。我置身於激烈的戰鬥，我與真實奮戰，沒有察覺我在對抗的是什麼。

一旦發現感受來自於抵抗，我就不再迷失於心智與情緒迷霧中。獲得更多覺察，如同作戰時撤退到山頂上，從高處觀察這場戰鬥，並理解其中的作用力。我發覺我作戰的對象是自

己，其實我根本無須作戰。

　　這過程叫**去中心化**，短暫經過的思緒和情緒不再佔據我們認同的中心──這是很小的轉變，但能產生驚人的效果。在覺察中退後半步，讓我們應付棘手時刻時有更多選擇。我們可以感受到憤怒或焦慮等困難情緒但不被捲入。我們**不處在**易怒的狀態，而是**經歷**自己的易怒。

　　我們也能注意，思想如何影響我們對某個情境的感受。我們看見苦惱來了又走，知道它們是心智的產物。當我們對未來產生可怕的想法時，我們可以立足於當下，觀察思考過程，而不是迷失在其中。

　　正念覺察的這一面向對認知行為治療具有深遠的意涵。我們在當下調整中心點，觀察我們的思想與感覺時，會發現這些短暫的狀態是噪音，但它們產生的熱能往往多過光──吸引我們的注意力卻未透露任何有意義的事。因此，我們更不該把它們當一回事。

　　這麼說並不表示我們的思維和情緒不重要，也不是指我們該永遠忽視它們，它們顯然也是很重要的訊息來源，然而當我們練習去中心化，才能更客觀地評估它們。當我們熟悉自己的思維運作方式，我們會意識到，內在體驗究竟來自確定的感受和知識，還是來自無用的恐懼或渴望。

　　今天找個機會，練習用不同方式訴說一種困難情緒。

　　例如假設你很生氣，就對這生氣的經驗感到好奇，把

生氣當成身體裡的活力。研究你的心智發生什麼事，把自己當成「情緒學家」。對你的發現敞開心胸，留意這種方法是否改變了你的情緒經驗。

臨在是思考與行動的基礎。去中心化能讓我們看穿無數沒有助益的假設，這麼做也會引導我們的行動。

正念思考

有時候我們不開心，不是因為事情出了錯，而是我們以為事情出了錯。在我疾病與憂鬱症狀況最糟時，早晨醒來我的心頭常湧起一股深沉的恐懼，對即將到來的一天出現焦慮的念頭。我對自己說：「今天不會順利。」我不覺得這是腦子裡的預設想法，我相信自己不過是確認了一個關於今天的事實，結果讓我認為今天會被失敗與失望給毀了。

開始練習思維的正念覺察後，我逐漸能認出是心智說了些可怕的話，於是我會想，「等等，那只是一個想法。」光這麼想，那一刻緊抓不放的負面思考便鬆開了。然後我會換個想法，例如「即便會有些困難發生，但或許今天仍會一切順利，正如大多數的日子。」新的思考方式減輕了焦慮與壓力。

這種運用**正念思考**的方式，是幫助我恢復的有力工具；它像是把鏟子換成吹雪機，鏟除堆積如山的雪；它提供所需的影響力，讓我逃離毀滅性思想的重擔。這個技巧緩解了無數人的

焦慮症與憂鬱症，不過它與任何工具一樣，有其侷限。

　　首先，我們或許不相信有其他替代想法，或許我們會說自己的想法也只是一種想法，無法說服自己放棄，我們直覺認為那是真的；其次是即便我們能說服自己今天會很順利，結果有可能困難重重。到頭來我們還是認為，幸福與否取決於事情是否按照我們希望的方式進行，而我們的命運受到無法掌控的因素所操縱。

　　以正念做為認知行為治療的中心，能出現更多深遠的可能性，例如喜悅並不取決於我們所處的狀況。如果傳統的認知治療是一台吹雪機，那麼加入正念之後，它就像是能將雪融化的春日暖陽。在思考－行動－臨在中，我們可以探查並深入自己存在中心的信念。

外包快樂

　　我的一天過得好不好，在這樣的想法底下，有個更基本的信念：我的快樂取決於今天的事情是否順利。如果事情很順利，我會有美好的一天；如果事情不順利，今天就很糟糕。然而當我實行正念臨在，出現另一種可能性：我過得好不好，或許不取決於外在狀況。

　　多數人會覺得這是個很陌生的思考方式，我們也或許認為它過於理想。「我的快樂當然取決於事情是否順利。」我們告訴自己，「如果發生了壞事，為什麼要開心？」

　　認為外在事物必須為我們最終的幸福負責，這是我稱之為

「外包快樂」的思考錯誤。這種思考方式相當普遍，它深入我們生活中每分每秒、每個領域，迫使我們把每件事都看做「對我有利或對我不利」。

如果以這個核心信念過日子，我們就替幸福設下了底線。最好的情況是，我們會感受到每一個平靜時刻——如果我們辨別得出來，這樣的平靜脆弱到隨時都可能粉碎。展望未來時，我們也會因預期事情不會朝著符合我們利益的方向，而感到痛苦。極少有信念對我們的幸福產生更有力且廣泛的影響。

當我因為生病與工作時數減少，陷入嚴重卡債問題時，我很怕會失去住所。我向自己保證那不可能發生：退休金隨時可動用，家人也能幫忙。這些保證有時有用，但持續不了太久。我知道事情不能保證順利，些許差錯就會導致破產和賣房子——真正的平靜彷彿難以來到。

更恆久的平靜來自於改變根本信念。我開始告訴自己，「或許維持我所知道的生活，並非是我平靜與安全感的基礎。」我發覺有些人擁有的事物比我少，還是能找到喜樂。雖然破產屬於劇烈變化，那也絕不代表我的人生完蛋了。許多人都失去了房子，我的父母在我離家後也是如此，但他們的人生還是繼續。儘管那是悲傷又痛苦的過程，但總會有下一件事要做。

運用正念覺察，我們能看穿做為快樂基礎的核心信念。即使生活艱難，只要我們能與內心不受得失衡量所影響的那部分自我連結，仍然能感到喜悅。我們的靈性不被身體或我們轉變中的角色所定義，它不會因為工作上的挫折而減少，也不會被

他人的稱讚左右。我們可以全然放下加諸滿足感的條件。

我們不必說服自己在感受到這種平靜時應該要快樂，只要我們活在當下，快樂自然會浮現。

正念行動

很多人認為「正念接受」這個概念暗指被動、安於現狀或屈服。接受我生病了，等於我放棄復原的希望；接受老闆很難搞，等於我會繼續從事一份不開心的工作；接受人類正在毀滅地球，等於我會袖手旁觀，眼睜睜看它發生。同理，認知技巧也被視為在不做改變的狀況下，尋求平靜、相對被動的方式。

然而，接受與釐清想法是有效行動的基礎。當人生沒有朝著我們想要的方向時，第三種選擇是採取行動，改變狀況。認知到現實狀況時，我們可以問：「合適的應對是什麼？」接受生病的事實，讓我們尋求治療；接受老闆難搞，督促我們找別的工作；接受氣候變遷，讓我們採取政治行動。任何可能做出的建設性改變，都從接受現狀開始。

想找到無條件的平靜，必須把注意力與活力放在我們正在做的事情上。我們的思維往往早我們一步抵達下一件事情，也因此讓我們的注意力投射到未來，使心智與身體失去連結。失去連結不是輕鬆的狀態，可想而知，我們會感到分神而慌亂。

當我們時常從一個活動趕到另一場時，尤其抓狂。**忙個不停**會形成一個催促人的壓力漩渦，把我們從一件事拉向另一件

事，變成惡性循環。由於我們的心思在別地方，專注在即將到來的事，因此往往沒有發現身體正在承受壓力。有時候我們必須慢下來，才能讓自己跟上，讓心智與身體在當下合一。回到自身、與中心保持連結時，我們會發現自己更能有目標地採取行動，處理工作。回到自身的簡單動作，能從根本減輕壓力。

今天請你留意自己有沒有匆匆忙忙、覺得有時間壓力。你有多少注意力放在此刻，多少在之後發生的事？你覺得自己有沒有與身體連結？意識到心智跑在身體前面，是回到當下的第一步。接下來幾章，我們會持續處理與時間和平相處這個主題。

正念行動的一大關鍵，是放棄控制的幻覺，因為那些事從來不是我們能控制的。

放開控制

珍妮佛在治療初期告訴我，「我就是想控制所有事情……以及所有時間。」她知道這樣的控制欲不切實際，然而還是緊抓不放。珍妮佛迫切想知道自己是否一切都好，而失去控制就代表失去安全感。可悲的是，徒勞無功的終極控制，導致她與現實抗爭，而且這是她持續焦慮的主要因素。

那晚在嬰兒房裡的我非常憤怒，因為我無法讓寶寶入睡，但是正念接受幫助我認知到我的控制有其侷限。當我接受生命

當下給予的一切時，我放下自己的挫折與徒勞的努力。放下錯誤的控制欲，使我找回我唯一真正能控制的——控制我的注意力所在。

事實上，你最好不要完全控制你的人生。試想如果你拉動所有操縱桿，會造成什麼不幸的後果。得到你想要的一切或許沒那麼好——有的人中了樂透，人生卻毀了；誰會知道「壞消息」最終或許對你有利呢？

當我還是助理研究員時，我花了無數夜晚與週末，撰寫計畫申請書，然而研究經費還是毫無著落，每封拒絕信都讓我很失望，但老實說我也鬆了口氣。要是拿到經費，表示我必須在這份沒有啟發性、環境也不理想的工作中再投入三、五年。對我來說，當申請經費的事情沒有按照「我想要的方式」進行時，讓我更容易去找自己覺得有意義的工作。

後來珍妮佛願意放開無時無刻的控制欲，不再那麼焦慮，她一次又一次練習斯多葛派哲學家愛比克泰德（Epictetus）講述的精髓：「自問『這件事是否是在我的控制之下？』」對珍妮佛而言，大多時候答案為「否」；愛比克泰德繼續問：「如果這不是你能控制的事，就這樣回應：『那我不會在意[2]。』」對無法控制結果的事物，珍妮佛鬆開了緊抓不放的手，開始敞開心胸，接受生命的不確定性。

擁抱不確定

太太在醫院生下的第一個孩子盧卡斯時，我等不及見到他平安出生、躺在我們懷裡。已經有兩個孩子在太太懷孕三個月時流產，我知道將寶寶帶到世界上的最後一步充滿風險。我心想：「知道他很平安，我終於能鬆口氣。」然而總是會有下一件事讓我擔心：嬰兒猝死症候群、樓梯、車子、開車⋯⋯。沒有一個時間點能讓我放寬心地說：「呼！一切順利！」

我們獲得幸福的最大阻礙，就是與不確定性的關係，然而我們在意的每件事的結果都不確定：自己的健康、經濟狀況、我們所愛之人的健康以及我們能活多久。即便我們在理性層面能接受這不確定性，但很大一部分的我們痛恨人生像走鋼索，隨時有可能摔下去。我們希望知道孩子會很安全，我們想確定能付得出房貸；我們想得到保證，確定我們的人生很長而且美滿，死時無病無痛。

最重要的是，我們想知道自己是否能**萬事順利**。我們花大半輩子追逐著海市蜃樓，相信我們可以達到人生不確定性都消失的狀態，然而愈是追逐這幻象，我們愈覺得不安。

幾年前，某位叫比爾的大企業律師來找我治療，他工作得很痛苦，卻逼自己為了退休金而工作。他打算一存到200萬就退休，又擔心這筆錢不夠他度過餘生，因此他把金額加倍，就在退休帳戶裡的存款逼近400萬時，他來找我。

那時的比爾極度渴望喘口氣，他時常感到焦慮，他身體與

心理壓力顯而易見。他的健康受到持續壓力的影響，也即將與妻子離異，然而他還是不認為自己可以離職。某次治療時，比爾幾近懇求地問我：「賽斯，多少錢才夠？400萬？500萬？600萬？」他雙手抱頭，「或許現在我的錢夠多了，但我實在不確定。」他設法找到平靜的心，但他犧牲的恰巧是他想保護的──我這麼目睹了令人心碎而矛盾的一幕。

正念提供了比爾一條出路，他開始不只接受當下發生的事，也接受未知的未來。或許存款夠他用到去世，也或許他會花光這筆錢。他發現自己可以接受所有可能，雖然不知道那會是什麼。這是一項非常龐大的信任練習，他不再認為一切都要依照他想要的樣子進行，他超越了這樣的心態；他活得夠久，知道事情不會一直如自己所願。他學會相信一切都會沒事，即便一切都很有事。他笑著形容，在某個沒有月亮的晚上，他躺在甲板上，抬頭看著滿天星斗，知道他已擁有他所需的一切。藉由放手，比爾得到自由。

下一次當你被某個不確定結果的「如果…會怎樣」的問題困擾時，比方說「如果姊姊生我的氣會怎樣？」試著明白這些擔憂的答案時常引來更多擔憂和焦慮。輕輕地從鼻子吸氣與吐氣，然後感受一下類似以下的回答：「她可能會生我的氣，如果她生氣了，我必須想辦法處理。」放下掙扎，把擔憂的思想當成面對未知的機會。

即便知道在意的事都無法得到保證，我們也可以停止追求確定性的無望，靜下心來。我們可以敞開心胸，接受預期措施可能以失敗收場。當心智問道：「如果發生了可怕的事，該怎麼辦？」我們不必上鉤。唯一合理的回應是：「有可能，但如果發生了，我會處理。」以正念敞開心胸、接受可能性，我們就能放下無謂的天人交戰。

認識自己

安於當下的最大好處之一，是發現真正的自己。有了這覺察，無論遇到什麼事，只要我們堅守自己不可動搖的自我認同，平靜就會隨之而來。只要與當下的自己連結，我們就能在表象之外，永遠記得真正的自己。當我們認識真正的自己，人生就沒那麼可怕了。

最重要的一件事：你發現了自己的存在之處——那永遠是在當下。你在當下找到自己，你的身體在這裡，你的心智在這裡，你的靈性也在這裡。你可以放棄腦海的幻想，因為想像中未來的那個人並不是你，而是你的想像。那個值得照顧的**你**就在這裡。

當下的平靜來自於知道我們不是孤島，而是與所有創造物緊密連結。全然與他人一起活在當下，彼此就不只是共享空間或一起探索想法的個體。我們更深層的部分與彼此相遇，在那些時刻，我們感受到靈性連結是我們本質的一部分。

　　我們也發現，處在當下時自己是多麼壯大。矛盾的是，我們或許得感受到自身最大的弱點，才能發現內在的力量，正如我對自己的發現。你的體力或許已經耗盡，你的心智與情緒或許已經枯竭，然而你還有像一口深井般源源不絕的力量。找到我們的中心，使我們汲取井中的水，面對一切。我們知道自己能忍受痛苦，我們知道自己能面對恐懼，我們吸一口氣就能感受到力量，它以一連串不間斷的呼吸與臨在，將我們與所有生命連結在一起。

　　藉由以臨在為中心的連結，明白自身天性中最基本的真理：我們由愛構築而成。這並不是基於情緒與自利那種充滿粉紅泡泡和玫瑰的浪漫愛情，而是一種穩定且強烈的愛，渴望一切眾生都獲得最好的。這不表示我們總是能表現或感受到愛，有時我們會痛恨彼此、痛恨自己，或痛恨人生的一切。但是我們能認清，那些時刻是因與真正自我認同脫節而起。最重要的是，你可以知道你澈底以原本的樣貌被愛著。沒錯，是你。無論狀況如何，你都能在這覺察中找到恆久的平靜。

　　脫離當下的代價比我們所知的還大。那代價是平靜的心、與自身的連結以及與他人的連結。透過持續的練習，能訓練自己的心智，使其回到當下。我們會在當下發現，正念覺察如何塑造思想與行動。下一章提供簡單且已得到驗證的有效技巧，讓我們充分活在人生的當下。

練習正念覺察

　　正念是思考－行動－臨在的必要部分，正如我們在前一章所看到，正念為認知與行為練習提供穩固的基礎。有時正念覺察出現，會讓我們措手不及，但我們不必等它不請自來。本章會介紹簡單又明確方式，培養更強大的正念。

✦　✦　✦

　　「我不認為我擅長正念。」喬恩在我們第一次治療時這麼說。四十出頭開始，他莫名其妙近乎恐慌症發作，朋友建議他試用某個流行的冥想手機應用程式，喬恩下載並斷斷續續用了幾週。「出於某種理由我覺得它不太合用。」他告訴我，「冥想能幫助我放鬆，我想每天練習，但找不到時間。」

　　他接著說，「此外，我的焦慮在開會時變得很嚴重。我又不能立刻停下來，花十分鐘專注呼吸。」對喬恩來說，冥想似乎是很好的練習，但是無法與他的真實生活產生連結，他的真

實生活使他無法按時冥想。

　　喬恩的說法讓我感同身受。我早已知道正念冥想，在我持續練習之前也將它運用在我的臨床治療。我一直想這麼做，但不知為何我抽不出時間。直到我開始執行每天早上進辦公室後，做的第一件事是冥想10到15分鐘。在冥想中我獲得了一些有意義的經驗，我希望在關照呼吸的這幾分鐘，能幫助我度過接下來的這一天。然而當結束鈴聲響起，幾乎沒有一次練習的成效能持續，我的心智只會接續冥想前的思緒，讓我覺得還不如沒有冥想。

　　我們該如何進行冥想練習，才能使生活有所不同？第一個步驟是認清，什麼妨礙了冥想。

認清分離的自我

　　即便我們喜歡正念的概念，也知道它帶來的好處，多數人卻很難有規律的練習。我們可能計劃每天花十分鐘冥想，卻幾乎沒這麼做。或者我們打算在一天之中找些時間與我們的經驗連結，卻忘了總是該活在當下。但是當我們發現冥想確實有幫助時，我們又會責怪自己沒早點開始做。

　　理解我們行為的關鍵，是認清「分離的自我」，也就是在東方宗教與哲學中所說的「自我」（後續兩種說法都會出現）。分離的自我將你視為個別的存在，有別與他人和世界。你的自我主導了一部大戲，在戲中你是主角，它塑造了一種你

可以稱之為自己的存在，因此這種區別的感覺很不錯。

然而，分離的自我也感受到它的軟弱與脆弱。無論我們擁有多少，或我們成就多大，它知道分離就代表渺小——像是一滴水離開了海洋。分離的自我懼怕滅絕，於是要求安全感；它總是緊張焦慮，觀望是否有危險，判斷現實是「好的」或「壞的」，以便確保一切安全無虞。

自我關心的是自保，這也是為什麼我們很難敞開心胸接受當下。正念臨在代表自我不再堅持世界必須服從它的願望。當自我說「不」時，我們說「好」；我們活在當下，而自我想跑到未來。我們放下自我創造的自己與他人的錯誤區分，我們拋開自我「迎合我或反對我」的評判——這些做法使我們在當下重生，然而分離的自我卻懼怕它的生存危機，造成它爭取我們的注意力。

自我最強大的策略是讓我們認同它，藉此與它目標一致。大多數時間，我們認同這個版本的自己，讓它塑造我們的慣性行動與心態。自我說「你」不想冥想，或者不要對你的情境說「好」。在現實中，這些抗拒不是來自於你，而是來自時常控制你心智的某部分的你。一旦我們知道抗拒來自何處，才更容易放開它。

然而大部分的人發現，知識與欲望不足以克服自我對正念臨在的堅決抵抗；我們需要有效的技巧，才能建立持續的練習。在憂鬱症最嚴重時，我開始了自主認知行為治療。當我來到分離自我的末路，這時我感受到，與我存在的一部分產生更

深刻的正念連結，帶來改變人生的力量。我清楚知道建立這深刻的連結將是復原的重點。

認知與行為實踐提供所需的力量，使我們能將對正念覺察的渴望轉換為有意義的改變。思考與行動能相互增強，而兩者結合，就能支持臨在。臨在又能在自我維持的循環中，引導我們的思想與行動（圖3）。思考－行動－臨在提供了將正念練習帶入日常生活中的方法。讓我們從訓練心智開始，深刻練習正念臨在。

發覺心智的意圖

坐著冥想能讓我們將注意力有意識地集中在當下的某件事──通常是呼吸[1]。你注意到呼吸的感覺，例如你每一次吸氣與吐氣時腹部和緩的起伏。當你發現注意力轉移、迷失在思

圖3

緒中，就輕柔地回到對呼吸的覺察。

我好幾次在正念練習時，放棄了正式的冥想，想要把重點放在日常活動的正念中。和許多個案一樣，我發現要脫離習以為常的思考與做事的方式，與當下經驗連結，冥想是最有效的。想處在當下卻不練習冥想，就像是你想練習自己在管弦樂團中演奏的部分，樂團的其他音樂家卻各彈各的一樣。

冥想提供我們所需的空間，讓我們看見自我與心智的運作，唯一的干擾來自我們的思想。有規律的練習能幫助我們養成習慣，發現心智的意圖——心智是在當下，或者它在未來或過去，以及它是否敞開心胸接受此刻正在發生的事情。這樣的意識就是思考－行動－臨在的基礎，有助於我們更有效地處理思想，留心自身行動的後果。

我邀請你坐下來，進行安靜的冥想。如果你之前做過卻不喜歡，這次試著用不同方式練習，或許能與你的生活更相關。而許多練習冥想的阻礙，來自於無益的信仰與經驗。

減法正念

我發現正念練習中最難的事，是放下努力。有好幾年我將正念練習當作每日待辦事項中的一件事：正念…已完成。這種任務取向的態度，把正念變成一件我可能會失敗的家事。如果沒有留意，我們會讓冥想成為由自我驅使「把事情做好」的習慣方式。然而正念臨在的關鍵是少做，不是多做。它是你所體驗過最簡單的一件事。

當你覺得正念練習像一份工作，或者你發現「我沒做對」這一類想法，請看看是否有可能做得更少。只要接受意識，就像是耳朵接受聲音，你無須做任何事。與其拚了命進行正念，請你將自己釋放到正念中。

找到連結

我曾經覺得坐著冥想很寂寞，因為那只和**我的努力**與**我的專注**有關。我像一座夜間的燈塔，冷酷地將注意力的聚光燈指向不會回答、沒有生命的物體：「現在我注意到這個，再來是這個。」然而即使總是獨自冥想，它也不是個人的努力——正念是一種關係。

正念練習讓我們感到輕鬆自在，不是藉由鎖定注意力，而是藉由連結我們的經驗。我們內在與周遭的一切，以及我們遇到的每一個人，都在召喚我們與之建立連結。我在沙發上的經驗是我與靈性的連結；我在嬰兒床邊的經驗是我與寶寶的連結；騎腳踏車上坡是我與身體和腳踏車的連結；即便你坐的椅子和讀的書，也召喚著你的覺察與連結——請你感受它們、認識它們、體驗它們。

練習正念覺察時，我們發現自己親密連結的存在。我們不需在生活中投入更多的努力或進行更多的活動，藉由拋開從自我中心的想法，就能發現那連結。當面紗滑落時，連結必然出現。正念的根本，就是與原始臨在經驗之間的關係。

當心「應該」

許多人假定練習正念表示我們得冥想，然而告訴自己「必須」或「應該」要有正念，會產生判斷的心態，反而不利於活在當下。

當你探索正念練習時，當心「我應該冥想」的想法，這會使你的冥想練習變成充滿罪惡感的義務。試著改變想法，例如「我正學著練習活在當下」或是「我打算更常冥想」。

容許思緒

冥想練習的一大絆腳石，是認為我們應該要清空心智。大部分我治療過的人在嘗試冥想時，都哀嘆他們很不擅長「讓思緒停止」。然而，產生一連串無止境的思緒、圖像、記憶和恐懼是心智的工作，如果我們試著停止這思想之流，心智只會更大聲、更固執。

消除思緒不是目標；反之，你必須觀察心智在做什麼。專注呼吸時，你還是要注意來來去去的思緒，它們可能會存在於你的意識附近。就好像你坐在沙灘上看著潮水湧上又後退、注意到鳥兒飛來又飛走，但是你可以把注意力集中在潮水上。有時你會發現注意力隨著一堆思緒流走，當你察覺到意識漂走，只要輕輕將它引導回呼吸的浪潮。冥想時記住這個循環：你覺

察呼吸，失去那覺察，再次找回它（圖4）。

在冥想開始時，你或許也會注意到一連串的思緒。突然間你想起必須寫封電子郵件，還有數件你**絕對不能忘記**的工作，以及其他思緒，它們吵吵鬧鬧要吸引你的注意力。在這一大群鳥兒飛過你的眼前時，請持續將注意力帶回浪潮。

放下自我批評

人們往往嚴厲批判自己的冥想。我曾問患者薇多莉亞，冥想練習做得如何。她回答，「呃，我的表現**爛透了！**」熟悉冥想的過程：覺察、飄移、返回，幫助她放下「薇多莉亞不擅長冥想」的錯誤信念。將注意力從冥想練習的自我批評中轉移，使她在往後的人生中更能對自己充滿熱情。

思緒飄移　　覺察

找回覺察

圖4

最重要的是，無論在冥想時發生什麼事，告訴自己你做得很好，你沒做錯，你不是一個糟糕的冥想者。

接受任何結果，藉此對正念練習本身採取正念的立場。如果冥想讓你放鬆，請好好享受。如果它既困難又有壓力，那只是這次如此。如果你睡著了，顯然你就是需要休息。如果你從頭到尾都在腦海中增加待辦清單上的項目，那也難免。如果你批判自己，也沒關係！說真的，你不會搞砸冥想。

容許無聊

許多人在冥想時最常感到的不是放鬆，而是無聊。冥想跟我們習以為常、源源不絕的刺激相比，在某種程度上**確實**無聊，但我們不必讓無聊阻礙我們冥想。我們可以注意自己的思緒，不要迷失其中，看看我們到底有多無聊，就像我們注意其他思緒一樣。試著探索無聊的經驗，與你的無聊建立關係，看看會發生什麼事。**身在無聊**中很無聊，但**體驗無聊**，可以變得很有趣。

用無聊做實驗，坐著而不做任何事：不看書、不看螢幕、不工作。注意你的心智與身體的反應。無聊是否是令人喜歡的暫停時間？有什麼情緒出現？你是否有強烈的動力想做些有生產力的事？當沒有活動填滿意識，又是什麼進入你的意識？

重視臨在

多數人的行程表都很滿，總覺得一天24小時不夠用，在這種情況下，我們很容易認為冥想會浪費寶貴的時間；更別提如果我們將冥想等同於「無所事事」，並假設花幾分鐘冥想看不到什麼成果的看法，然而它違背了自我對於**做事、獲得成就**的執著，以及被低估的**臨在**。

對付這種想法，最有效的解決方式就是做幾次冥想。親身經歷是最有效的方法，我們將會在冥想練習中發現與當下的連結，這基本上就是一件樂事。

敞開心胸，接受你的經驗，這麼做可能很重要，它和你必須向外界展現的實質成果截然不同。重視「臨在」的自身價值，將冥想當成觀察一切發生的機會，而不是必須執行的一項任務。

臨在的目的

我的患者喬恩發現冥想無法消除焦慮之後，他就不再冥想。許多人期待冥想練習能趕走人生中不想要的部分，例如壓力、焦慮和其他困難的情緒。冥想確實有使人平靜的性質，因此它有時能奏效，然而覺得更舒適並不是臨在目的——如果我們將它視為目標，它就不可能發生。

期待正念練習產出某種結果，將會阻礙我們的感受。預期心理導致評價：我是否放鬆了？我的心是否安靜下來了？我是

否獲得一種神祕經驗？……這些都使我們遠離臨在。反之，我們可以將冥想的每一刻都當成第一次體驗，不要有先入為主的觀念或目標。

正念覺察的重點在於關係。喬恩在療程中練習一種訴說焦慮的新方法；當焦慮來襲，他以好奇取代抗拒的態度，接受這個經驗。他沒有告訴自己：「我受不了了！」和「我必須停止焦慮！」而是「讓我看看這是什麼情形。我的身體發生了什麼事？隨著時間過去，焦慮產生什麼變化？」喬恩發現他不只沒那麼焦慮，焦慮發作的次數也更少。

正念改變的不必然是經驗本身，而是改變了我們與經驗的關係。在嬰兒房的那一晚，當我對經驗開放時，正念覺察沒有讓艾達睡著；騎腳踏車時，它也沒有讓山路變平坦；生病時，它也沒治好我的慢性失眠。然而我找到了平靜，當我們敞開心胸接受困難經驗時，這樣的平靜就會來到。

釐清對於正念練習的定義，就能做好行動的準備。

行動：練習正念

開始進行冥想練習時，下列行為準則能給予影響力。

從小處著手

讓想做的事變得簡單。如果你是冥想新手，一開始慢慢來，五分鐘的冥想就是很好的開始，這段時間足夠讓你感受什

麼是冥想，以及了解它的益處，但是不會久到像坐牢[2]。如果你因此愛上冥想，當然可以再多花一些時間。

花幾分鐘坐下來冥想。設定小聲的鬧鐘提醒你結束時間，或跟著一段簡短的引導影片冥想。你甚至可以現在就闔上書，進行冥想。

讓冥想變得愉快

選擇你喜歡的冥想練習。就像運動一樣，適合持續練習的方式通常是最有效的。我的基礎練習是安靜地坐在瑜珈磚上，觀察呼吸。身體非常疲憊時，我會躺著，跟著引導詞冥想。如果我想發展更多的身體覺察，我會跟著不同引導詞做檢視身體的冥想。

探索本書的正念練習時，你可以選擇最有共鳴的練習，做些調整，讓它更適合你當下的需求。與自己和與世界接觸時，沒有所謂錯的或更好的方式。

將冥想排入日程

只要我不留意，其他活動總是會讓我的冥想練習延後。現在我會騰出一段特定的時間（早上起來的第一件事）練習冥想。如果你需要提醒，就設定鬧鐘。

現在就做

　　我很常滿腦子都是練習冥想的念頭，卻沒有付諸實行。我計劃冥想，但看起來永遠不是好時機。當眼前永遠有件事阻礙你正念臨在時，你就要懷疑是不是「自我」在動手腳，告訴你「我會做，只是不是現在」。當我們恍然大悟，發現「稍後」變成「永遠不會」，就可以看穿這錯誤的信念，選擇現在就練習。

冥想約會

　　說到做到，是定期冥想的有效原則，「雙人冥想」也有助於持續進行。你可以和你愛的人一起冥想，這個方法極為強大，能使你們的關係更緊密。

延伸正念覺察

　　基本上冥想能使我們對體驗日常生活做好準備──這是練習正念的最大期望，但我發現我很難將早晨的冥想與當天接下來發生的事連結起來，不難理解為什麼有人放棄冥想，只因找不到它在日常生活中顯而易見的好處。

　　冥想不是正念覺察的終點。正念**無時無刻都在進行**，不只在我們安靜地與自己的身體和呼吸連結的那幾分鐘。即便每天冥想一小時，我們在一天中剩下的15、16小時還是處於非正念的預設模式。我們需要找個方法，把專注的練習轉換成可以應用一整天的技巧。

　　最有效的方法之一，是刻意將冥想延長至接下來的時刻。

比方說在專注呼吸的冥想後，張開眼睛、起身做下一件事情時，我們依舊有意識地維持正念覺察。

動態冥想

我們也可以利用瑜珈或太極拳等動態過程，作為在日常活動中介於靜坐與保持臨在之間的步驟。這些動態訓練的重複動作，提供了一種熟悉感，因為它與跟隨呼吸的簡單動作類似。這些動態的正念練習形式，可以更有效地將冥想從正式的練習延續到日常生活的事物中。

我以瑜珈為例，它是我最熟悉的動態冥想。老實說我做了許多年瑜珈，卻不了解它被視為一種正念練習的原因，或者它如何影響我一天中的其他時刻。瑜珈課開場前數分鐘的冥想，以及課程結束後安靜躺下來的冥想，顯然都能與正念連結。這兩者之中的所有動作似乎都是運動，與我在瑜珈墊以外的心智或情緒無關。

直到幾年前，我和瑜珈課同學一起做「戰士二式」時，終於明白其中道理。這個姿勢是左腿在身體前方彎曲，右腿在身體後方伸直，手臂與肩膀平行，向前與向後伸直。通常我會把注意力放在困難的肢體動作，試著擺好姿勢。不過這一次，馬克老師提醒我們在換到下一個姿勢之前，感受雙手想要移動的**意圖**。

這簡單的建議突然間使我明白，我一直忽略瑜珈中正念的部分，那必然關於我如何與身體連結。無論是做戰士二式或其

他姿勢，我總是覺得我在**安排**動作，以便完成姿勢。然而在動作之外，其實是對**關係**的覺察——心智與身體的結合。我一直專注在我送出去的訊息，但沒有接收到傳回的訊息。

瑜珈是一種能使心智與身體進行親密交流的正念練習。來到瑜珈墊上，我們可以設定處在瑜珈動作當下的意圖。花幾分鐘時間坐著冥想，能讓我們安定下來，進入正念覺察，同時建立與身體和呼吸的連結。

開始進行課程動態部分時，我們可以保持這種心智與身體的關係。從一個姿勢換到下一個姿勢時要配合呼吸，使我們扎根在當下，維持身體裡的覺察。注意力如果飄移至別的事物（它必然會如此），就引導它回到在瑜珈墊之內發生的事：肢體的感受，皮膚上的氣流，和我們的呼吸。

做瑜珈時還有無數的機會能練習不再抗拒，對經驗敞開心胸，讓我們可以帶著這樣的感受度過接下來的一天。當我們能克服困難姿勢帶來的不舒適，並練習接受時，就有助於身體與心智的成長。我們接受自己的姿勢可能不像老師的動作那麼標準，等於我們接受了身體上的限制。

和冥想一樣，留意「心智的說法」可能介入你的練習。常見的想法包括「這太難了！」會使我們不願意做某個姿勢。有時出於我們對自己的同情心，會想中斷或更改某個姿勢，然而無法忍受不舒服的信念背後，往往是諸如自我設限的想法。拓展我們能做的事的界線，不僅能增強體力，也加強為了某件我們在意的事而忍耐的能力。

如果你做瑜珈，請你質疑以下想法：你「無法忍受」
某個姿勢有難度的感受。承認不舒服，但不讓它限制
你的行動。運用好奇心，探索不舒服的感覺，而不是
忽略這些感覺或將它們推開。如同對待無聊的態度，
當你深究時，身體的不舒服將不再那麼使人不快。

我覺得瑜珈是過度到非結構正念最容易的轉換方式。瑜珈
課程（或線上瑜珈影片）結束時，我們可以繼續在當下與身體
連結：注意當我們移動時、捲起瑜珈墊時身體裡的呼吸、開車
回家或做早餐時是什麼感覺。無論是一次呼吸或是一整天，我
們維持這連結多久並不重要，只要能延伸到走路、說話、移
動、做事等生活中的各種事情，任何正念覺察都有益處，也有
助於替更多有用的思考與行動奠定基礎。

將正念帶著走

我們大多數活在當下的機會，都從早晨張開眼睛開始，直
到夜晚沉沉睡去。生活中充分臨在的邀請始終都在，然而日復
一日、年復一年，我們很容易忘了正念臨在唾手可得。

正念覺察就像是靜靜流淌的河水，它一直都在，只是時常
被遺忘。有時我們剛好「在河上」，就像某天晚上，我在廚房
裡聽到孩子們在地下室玩耍，突然間生命中愛和美的意識鋪天
蓋地向我襲來，在這之前我的心思還被其他念頭和擔憂的事給
遮蔽。「這件事怎麼會一直都在這裡？」我心想：「我怎麼會

錯過它？」彷彿我花了不知道多少時間尋找清澈的水，想止住我隱約感受到不滿的渴，然而我尋找的一直都在這裡。

這就是正念的美好之處——它一直都在，只要我們去做。無論我們離開多久，都能立刻回到當下——難就難在如何提醒自己。而認知行為療法在這一點發揮了很大的功效，我們可以設定提醒的鬧鈴回到當下，也可以給自己留張紙條：要好好刷牙。三次正念呼吸。對正在發生的事敞開心胸。

找到你可以練習正念覺察的特定活動，例如切菜或洗澡。在有限範圍內全心的練習，比起「隨時」保持正念的粗略計畫更容易執行。

規劃一天之內有意識進行連結的時刻，讓自己回到經驗中也很有幫助。或許是早上醒來後三分鐘安靜的自我反省、偶爾專注在呼吸的短暫休息，以及上床前的簡短冥想等。

我最喜歡的活動之一是一分鐘呼吸：計時60秒，計算你進行了多少次緩慢而有意識的呼吸。接下來的這一天之中，你隨時可以停下來進行上述次數的呼吸，不需要計時器你也知道它只花一分鐘。

用餐時間是回到正念覺察的另一個好機會。全神貫注進行一次呼吸，就可以當作一枚重新設定的按鈕，讓我們能更平

靜、專注地用餐。我吃飯前會做三次深呼吸：第一次我會檢查目前的感受，第二次是意識到周遭環境以及我一起用餐的人，最後一次我會注視盤中的食物。

　　邀請正念臨在時，你不必強迫自己做任何事，或試著感受到「靈性」。讓這件事尋常且不複雜，只要留意正在發生的事：你看見什麼、聽到什麼。除了觀察周遭事物的顏色與材質，你也可以檢視內在，看看現在有哪些情緒，注意心智打算做什麼——這些都會在你進行活動時即時發生。你可以在煮菜、打掃、走路、洗澡時試著進行正念臨在——任何事情都行，包括讀這本書在內。

　　在集中注意的同時，對阻礙你的任何事物保持開放的心胸——接納它，主動對它的一切說「好」，放掉想改善情況的欲望並安於現狀：「這就是現在發生的事。這就是我的現實。」這不表示你不改正錯誤，或對某人說不。只要對所有正在發生的經驗保持開放態度，即便是不舒服的部分。

　　如果你在練習正念的過程中很難照著做，試著整合思考－行動－臨在，朝你的意圖前進，看看會如何。
　　首先是**臨在**：閉上眼睛，慢慢深呼吸。感受身體的感覺，例如踩在地板上的腳，或雙手的刺痛感。留意感受到的情緒。
　　其次是**思考**：留意是否有任何思緒阻礙，例如「冥想是浪費時間」或「它可能根本沒用」。或許心智的說

法很正確，但看看它是否有些扭曲。是否有另一種想法更有效？例如「每次冥想，我都給心智機會，讓它安於當下。」

最後是**行動**：你是否能朝目標邁進一小步？或許你可以打開冥想應用程式，或打開瑜珈墊。即便沒有進展，這項活動本身也是正念覺察的練習。

正念的益處

最能保持正念的有效方法之一，就是記得我們能從中獲得許多益處。以下是我和其他人練習正念臨在時發現的好處，雖然對單次練習的期待沒有幫助，然而記得練習的目的確實有效。一如以往，追求任何一種心智狀態，都會使你脫離當下的經驗，因此留心不要把這些描述變成你的目標，最重要的是依靠主觀經驗來引導你的理解。

放鬆

每次引導患者完成第一次冥想後，我會詢問他們的感受。薇多莉亞和多數患者一樣，說冥想讓她「很放鬆」，這也是冥想成為減壓計畫核心的原因之一。薇多莉亞發現安靜地坐著、專注在當下，令她感到平靜。

首先，冥想使她放慢呼吸，而呼吸的速度和自律神經系統密切相關。較慢的呼吸能啟動她的副交感神經系統，作用與交

感神經系統（戰鬥／逃跑／僵住）相反，能安定身心。

冥想的那幾分鐘也有助於她意識到自己不必要的緊張狀態，例如抬起肩膀、呈半聳肩姿勢，以及繃緊腹部。光是注意到這些緊張姿勢，就能使她放鬆身體。

除了這些直接的生理效果，冥想也能舒緩薇多莉亞的心。當她的心智離開當下，就會對問題產生無邊無際的想像。心智看向未來，看見她的健康、工作、家人與財務等問題。薇多莉亞發現，事前處理問題，令她感到極大的壓力，好像開長途車時，必須知道接下來每一個路口和彎道要怎麼走似的。當她沉浸在過去時，她的心卻習慣擔心幾千里遠的問題。

當薇多莉亞將注意力從過去和未來轉移到現在時，她也拋開了無數擔憂與後悔。她發現大部分的當下，事情還算順利。即便她在處理某個問題，例如工作上的爭執或醫生告訴她的壞消息，她發現自己很擅長一次處理一件事——就像行駛在前方筆直的快速道路上，她要做的就只是這樣。活在當下的薇多莉亞鬆了一口氣，她發現現在總是在她的掌控之中，看似無法掌控的未來，也變成她可以應付的單一時刻。

覺醒

我們大部分時間都迷失在密密麻麻如夢境般的思緒之網中，記憶、悔恨、恐懼、想像中的爭執，以及毀滅性的反擊。這些思緒是如此栩栩如生，以致於我們誤以為那是現實，然而它們只是在腦海中播放的幻境，注意幻境反而使存在的基礎被

我們遺忘。

開始把更多注意力放在當下，會讓人有宛如大夢初醒的感覺。我們或許注意到頭頂上的藍天，此刻它有種特別的色調。我們知道天空在那裡，但是當它離我們有意識的覺察如此之遠，它彷彿就不存在。我們或許能感受到地面如此堅實；它總是在我們腳下，但我們很少意識到它。

我們也可能被聲音喚醒。就在寫作的當下，我意識到周遭所有聲音逐漸化為背景的嗡嗡聲：在隔壁房間玩耍的孩子們、蟬叫聲、鳥鳴聲和遠方草坪修剪機的聲音。我們也可以注意到之前沒發現、關於自己的事，例如肚子餓了或腳趾頭碰傷。我們可以看見一度完全忽略的事，例如第一次注意到某棟之前已經開車經過幾千次的房子。

以上不代表我們**應該**持續意識到每一件正在發生的事，或者因為我們沒注意到這些事物，而責怪自己。在工作時能過濾掉噪音是好事，解決某件困難的問題時我們需要類似縮小目光的能力。開車時只注意路上相關的事，顯然也是種優勢。

然而，我們很容易對錯過的事感到後悔。我的正念臨在觀念大部分來自《極樂世界》（*Shambhala*）[3]，這本書使我大開眼界，看到生命中一直以來被我忽略的部分。任何一閃而過的思緒都吸引了我的注意力，而我生活中大部分時間都因為太專注工作，忽略了這些思緒，包括我的三個孩子，我深愛著他們，但之前渾渾噩噩的我把他們的存在視為理所當然。覺醒是件十分驚人的事，我覺得自己就好像《小氣財神》故事中，聖

誕節早晨的史古基，幡然悔悟，展開第二人生。察覺自己可能虛度光陰卻沒有真正醒來，感覺很恐怖。

無論開始注意到錯失了什麼，我們總是能看得更深遠也更多。隨著持續練習正念，就能發現通往不同經驗層次的門，即便我們從來不知道那些門的存在。

刻意觀察

吃一顆葡萄乾也能是充滿驚奇的情緒經驗[4]。這是以認知行為治療為基礎的一般正念練習，我帶領多位患者進行這項練習，薇樂麗是第一位。她擔任全職律師，同時要養育一歲和三歲幼兒，因此希望有人能改善她的龐大壓力。

我把一顆葡萄乾放在餐巾紙上交給薇樂麗，請她想像自己從來沒有看過這顆小東西，然後我逐步引導她比平時更專注地觀察葡萄乾，例如看看它的色澤，以及把葡萄乾放進嘴裡時，意識到自己的手部動作。

老實說，特別注意這個微不足道的東西看起來有點蠢。練習到了尾聲時，我暫停一會兒，問薇樂麗有什麼感覺。她邊回答邊揩了眼角的淚，「這麼說很丟臉。」她說，「可是我覺得我快哭了。」我知道這個練習莫名其妙地打動人心，因此我並不驚訝。

當我們刻意觀察，然後發現到總是被我們忽略的事物，就是會叫人感動。當我們對任何經驗都保持覺察，就能看見此刻正在發生的事都相當有意思，即便是牆壁與天花板交會的那條

線，都令人十分著迷。

> 試著感受你通常會錯過的日常生活經驗：手中冰涼的
> 水；手掌底下木頭桌子的紋路；將手臂伸向上層架子
> 時的感覺；葡萄乾表面的皺摺。邀請更強大的覺察進
> 入生活時，你是否覺得與日常的關係有所不同？

特別留意身邊事物時，感官會變得非常敏銳。我們可能會
看得見手背上一根根毛髮、感受到皮膚表面的衣物、注意到某
人眼珠顏色的變化。如果看得更仔細，你會注意到覺察是一道
持續的注意力之流：現在的這種感受、現在的這種情緒、現在
的這種想法、現在的這個聲音。

關於這般層次的注意力，有件事或許為真：擁有任何經
驗，都會讓人覺得是奇蹟。我們習以為常的事情從來就不是絕
對的，即便存在本身，遑論我們出現在其中有多麼不可思議。
於是我們開始感謝一切，即便是不甚理想的經驗。

擴展思維

無神論者山姆・哈里斯（Sam Harris）毫不掩飾地以「靈
性」這個字來描述「人們藉由冥想、迷幻藥或其他方式將心智
帶入當下，或誘發不尋常的意識狀態[5]。」即便不認為冥想是
靈性練習，某些意識形式也會導致神祕經驗。

當我們進入單一意識時，往往會出現這些經驗。冥想促成

我們在第四章提到的去中心化，因為我們見證了我們所意識到的一切，但又不被其中任何事物所困擾。我們只是記下在意識中出現的一切：思想、聲音、身體的感覺，我們與我們所意識到的事物之接觸仍然很淺。我們找到連結，但不是依附，彷彿讓鳥兒短暫停留在我們的掌心，但沒有抓住牠。

在某個時間點，覺察或許會開始回看自身，你會發覺到注意的行為本身。這時事情變得有點奇幻；我發現話語不足以表達這種轉瞬即逝的意識模式經驗。我們朝「意識的奇點（singularity of awareness）」接近，彷彿穿過愈來愈窄的洞穴，就在我們以為這條通道終點空無一物時，卻進入了一個充滿鑽石的巨大房間，而我們是房間裡的一顆鑽石。就在這一刻，所有「我」的感覺都消失了，我們既是被觀察物，又是觀察者——彷彿無處不在，又不在任何地方。自我似乎消失了，被納入更廣大的存在（這是我死亡之夢的體驗：我的意識被抹滅，卻發現群星永恆的交流）。

威廉・詹姆斯（William James）提到，這些「宇宙意識」的「神祕時刻」往往「在體驗到它們的人身上」留下「深刻的印象[6]」。接觸比自己龐大的、蘊含深刻真理的某物，這樣的感受改變了我們。即便冥想時腦與心的框架已不再相同，我們還是從心靈的洞穴探險帶回某些東西。

深刻的**臨在**經驗改變了我們思考與行動的方式。我們發現自己能輕易看穿誤以為是現實的心智幻想，例如提醒我們有所匱乏的假設，或是我們還不夠努力。我們想與更深刻的現實合

一，專注在愛與連結之上。我們領悟到，「**這**才是重要的事。」
「**這**是我想要的生活方式。」我們的頭腦與雙手支持心的運
作，使思考－行動－臨在的循環持續。

　　生活的每一部分都召喚我們建立更深的連結。若這種連結
的感受是對的，就好像回到了家。透過簡單的臨在，我們找到
連結，臨在引導我們的思考與行動，而這些又反過來支持我們
的連結。無論身在何處，只要是處於這立體世界，你都能開始
體驗更多這種連結。

6

與你的所在連結

　　我們從古代的佛教、印度教和斯多葛學派經典了解到，陷入思緒和評斷之中不是什麼新鮮事，然而數位裝置造成我們在連結內在聲音、感官經驗以及生命中其他人時，感到格外困難。螢幕分散我們的注意力，讓我們可以即時逃避無聊或不適。許多成功的應用程式設計，都是為了擴大自我的作用，加強分離感，也加強將所有的事分為「贊成我們」與「反對我們」的判斷（例如在社群媒體貼文的按讚數）。

　　本章提供一些方法，使我們在這個數位化無所不在的世界裡，利用思考－行動－臨在技巧，回到更深刻的連結。限制科技在生活四處蔓延，替自己與他人製造更多真正臨在的機會。

◆　◆　◆

　　急診室醫師把頭伸進檢查室的隔簾並說，「你女兒的電腦斷層掃描看起來沒問題，等血液檢查結果出來後，我們就讓她

出院。」我鬆了一口氣。當晚稍早，艾達腹痛得厲害，小兒科醫師建議我們跑一趟急診室。

現在已經晚上11點，早過了睡覺時間，艾達的腹痛減輕，終於可以睡著了。醫師離開後，我反射性地拿起手機，以免在沒狀況時覺得無聊。但那天晚上出於某種原因，內在有個聽不到的聲音說：「……你也可以待在原地什麼都不做。」

因此我放下手機，坐在那裡看著七歲大的女兒，她仍然臉色蒼白，但睡得很安穩。突然間我對她和她的健康，以及一年365天、一天24小時都能就醫，充滿了感謝的心情──我不在乎急診要花掉我1200美金、也不在乎這麼晚還沒睡。

女兒平安地睡在病床上，所有跡象都顯示她沒事，我滿懷感恩。感謝醫院離我家只要五分鐘，感謝有愛心又專業的護士和醫生提供照護，我也感謝我自己。過去幾年我的健康狀況不佳，而此時此刻「沒發生什麼事」，其實就是擁有一切。

下一次在等待某事時，例如在超市排隊等結帳，忍住拿出手機的衝動，看看感覺如何。覺察此刻發生的事，你看到了什麼？你內在的感覺是什麼？讓這經驗自行開展，而非試圖強迫產生任何特定的結果。

以上那些經驗全都不在我的手機裡。如果拿出手機，當然也不會世界末日，然而我的世界卻會以一種我永遠也不知道的方式縮小。

和解

　　和多數人一樣，我和手機有著複雜的關係。沒有這些小電腦，我們很難探索高科技的世界，我們也不能否認許多近期數位創新的亮眼功用，但代價是我們花太多時間在螢幕前面。某一晚我坐在客廳裡計劃我的認知行為治療時，這件事情特別顯而易見。

　　我知道自己必須開始「行為活化」，這個概念使我的許多患者脫離憂鬱症深淵。這項療法簡單但強而有力，需要的是做更多有益的事，無論是因為這些事讓人開心，或者我們覺得這些事很重要（或兩者皆有）。我正朝第一步驟努力：盤點我的日常活動，排定每一件事的愉悅感與重要性的順序。

　　進行上述工作時，我眼睛盯著躺在前方茶几上的iPhone，當我習慣性拿起它要看電子郵件時，我突然驚覺自己在手機上花了多少時間：社群媒體、電子郵件、新聞、運動、播客、YouTube和發訊息。顯然某方面它很好用，因為它提供了許多便利性與無窮無盡的娛樂資源。

　　然而評估我的日常活動，需要自問花在手機上的時間是否有益，我必須老實說：**益處不大**。我用手機做的事大多不重要，甚至不那麼開心，我卻在一天之中，受它吸引無數次。《聖經》〈以賽亞書〉中的一段經文浮現在腦海：「你們為何花錢買那不足為食物的，用勞碌得來的買那不能使人飽足的呢？你們留意聽我的話就能吃那美物，得享肥甘，心中喜樂[1]。」

　　我的手機時間不算是「肥甘」。我每小時檢查電子郵件，看看是否有新訊息，或者無聊時反射性點開社群媒體，這麼做的壞處很明顯，我想活在當下，可是我不斷被手機的虛擬世界吸引，與家人相處的時間也比我的期待更少。最糟的是，我覺得心智不再是自己的。我沒那麼想改變我與科技的關係，但內心深處知道這麼做有助於建立我想要的生活。

　　現在開始留意你有多常看手機或其他電子螢幕，尤其當你不需要看時。放下任何自我批判，只要以好奇的心態觀察你的行為模式。你的螢幕使用時間伴隨著哪種情緒？是否某些情境或感覺會促使你拿起手機？

　　由於手機有使人成癮的特性，許多人得費盡心力才能不讓手機主導生活。如果是酒精或古柯鹼成癮，完全不碰這些東西就行了，發誓戒除這些東西，能改善我們的人生。然而對多數人來說，針對螢幕成癮，戒斷的解決方式不切實際，這個挑戰比較像處理有問題的飲食方式，我們必須找到折衷之道。

　　告訴自己我們「應該」少花點時間看手機，帶來的罪惡感比有意義的改變還多。命令自己少看手機，靠的是意志力，而我們知道這不是個可靠的策略。如果考慮花更多時間看臉書，我可能會猶豫，因為我知道過度使用社群媒體會降低生活滿意度[2]。然而長期的代價通常比不上眼前的利益。未來生活的滿意度降低的可能性，對於使用社群媒體的人來說，就像抽煙的

人會得肺癌一樣，都是遠在天邊的顧慮，遠不及點開社群媒體、點起一根煙那瞬間的快樂。

過去我努力縮短螢幕使用時間，但不太成功，我或許執行一陣子，但隨著決心漸漸消失，我又回到起點。這次我需要一個不同的方式，也就是思考－行動－臨在：頭腦、雙手和心。

臨在：愛的連結

罪惡感與恐懼等情緒不足以使我們對抗螢幕的吸引力，然而愛是強大且持久的動機來源。我們不只能在切斷與科技的關係中找到愛，也能在與周遭世界的連結中找到愛。我一再從患者那裡聽到：減少螢幕使用時間不代表放棄某些事物，而是找到更好的事物。比起我們從螢幕上得到的多巴胺，正念臨在的好處通常比較細膩，但有它的強大之處。

在電子郵件和社群媒體不斷要求我們瀏覽的聲音底下，還有個比較柔和的呼喚，示意我們與自身經驗保持密切聯繫。那不是羞辱或責罵的聲音，它沒有以忽略它就會發生壞事來威脅我們：「如果拿起電話，你會很沮喪。我不敢相信你又去看電子郵件。」反之，它敞開雙臂說，「聽我說，要吃對你有益的食物……」

我已經忽略那聲音無數次。「沒錯，下次吧。」我回答，「現在我只想再看一段喜劇，這看起來很好笑。」可是當我們聽從那溫柔的聲音，真實世界會比我們期待得更豐富，正如那

晚我在急診室發現的那樣。

任何與世界的直接接觸，從把洗碗機的碗拿出來到出門丟垃圾，都能引領我們進入廣大的體驗。正如前幾章所說的，我們只需要將更多注意力帶入當下在做的事情上。我們當然也可以在戶外時光找到獨特的連結。

走出戶外

我們家的週末午後大部分是這樣展開的：午飯後，孩子們一起玩，一開始都很順利，漸漸地和諧轉變為謾罵吼叫與傷感情。在某個時間點，太太和我宣布要全家出門健走。孩子們回答，「不！！！」難得他們對某件事意見相同。

但我們還是集合出發了，踏上步道的那一刻，每個人都情緒高昂。孩子跑在前面玩，之前的爭吵早已拋在腦後。太太和我感到更平靜、更踏實。不過是走進樹林，就好像我們全家一起做了一次深呼吸。

愈來愈多研究證實：處在大自然中能振奮人心[3]。進入綠色的空間，能降低焦慮與憂鬱感。當我們生活中有許多壓力時，這些益處更顯著[4]，待在綠色的空間對生理數值有顯著的影響，包括較低的壓力賀爾蒙濃度、心率和低血壓[5]。

我在與疾病奮戰時，會找時間接近大自然。多年來我沿著通往辦公室的街道，走路往返家中與工作場所，不過為了能有更多自然時光，我改變了通勤路線。早晨走在學院的小徑上時，我覺得我正在為眼前的一天儲備力量，高聳的白楊就像老

友，在混亂的時刻給予穩定的支持；無論我面臨何種挑戰，在一天結束後穿過樹林、走路回家，是非常療癒的事。

> 試著讓今天花多點時間在戶外。找藉口出門，哪怕時間短暫。走一小段路，在戶外用餐，在院子拆信都好。緩緩將意識引導到周遭，觀看藍天、日光和植物，留意與大自然連結時的感受[6]。

我的患者時常訴說他們的戶外經驗，他們覺得這些經驗很難用言語形容，或許自然的連結超越了語言。他們時常描述一種在戶外的療癒感：自然界的事物能賦予人生命力。詩的語言似乎最適合捕捉我們與自然界的關係，詩人瑪麗‧奧利佛（Mary Oliver）如此描述我們與吸入的空氣之間的親密連結：

> 你將會聽見空氣，那就像是愛人的低語：
> 噢，且容我，再久一點點，進入你那美麗的
> 兩片肺葉之中[7]。

植物學家羅賓‧沃爾‧基默爾（Robin Wall Kimmerer）將我們與大地的關係，比做母親與孩子。我們不只愛大自然，「大地也以愛回報我們。」她在《編織聖草》書中寫道：「她以豆子和番茄來表達對我們的愛，還有熟烤玉米、黑梅和鳥鳴。如禮物如陣雨般落下，而各種課題則如同豪雨滂沱來到。

大地供給我們所需，教我們自給自足——好媽媽就是這樣[8]。」

正如許多長期人際關係，將自己投入到這個世界，就從愛開始。我在後院花園中發現愛，也發現能藉由感官與自然世界相處：跪在地上照顧幼苗；伸手拔一株野草；邊工作、邊聽著周遭的鳥兒在唱歌。我聞到土壤散發出的大地氣息，在剛摘下來的豌豆和萵苣中嘗到生命的滋味。

只要愛上周遭的世界，不管是在花園裡或在其他地方，所有人都能擁有上述經驗。我們不必製造愛，它會透過相處在一起而自然出現：對現實說「好」，練習正念**臨在**。愛能啟發我們**思考**與**行動**，增強與維持我們的關係，維持思考－行動－臨在的循環。

思考：覺察誘惑

對大部分人而言，盯著螢幕已經成為第二天性，我們很少質疑造成這般使用模式的力量。了解科技的普遍吸引力，就能找到更多方法，避免無謂干擾。

認清獎賞

應用程式成癮的最大挑戰，是它們提供的立即獎賞——或者更正確來說，是**可能**提供的獎賞。有些工具能幫助我們的生活更順利，例如計算機或月曆，不過我們很少花太多時間在這些應用程式；我們不會浪費好幾小時滑天氣應用程式、持續地

私訊他人，或一再瀏覽銀行交易明細。

　　吸引我們的，是提供我們渴望事物的應用程式，例如捧腹大笑、有娛樂性或令人憤慨的新聞報導，或他人的讚許。然而其中的詭計是，它們只能在**某些時候**給我們獎賞。當我看YouTube的喜劇影片時，有些很好笑，但大部分很普通。有時我們想在社群媒體上得到他人的喜愛，與他人分享一些事物，而有時則得不到。有時新聞很聳動，有時也很無聊。

　　以行為科學的術語來說，我們處於「變動比率的獎勵時制」中。意思是某種特定行動只有在某些時候才會獲得獎勵。吃角子老虎就是變動比率獎勵的原型，你永遠不知道何時會贏錢，很可能下一次拉動拉桿就會中大獎。當我們打開應用程式、點開影片連結，或者讀一則貼文也一樣，這些行為我們必須重複不知道幾次，才能獲得獎賞。

　　或許我們讀的第一則IG貼文很有啟發性，這則貼文將情緒標籤與打開IG連在一起，然而在這之後，我們必須往下滑30則，才會找到另一則能和我們對話的貼文，啟動情緒標籤。有時期待中的電子郵件我們一點開信箱時就在收件匣了，但更多時候，我們早在收到前已失望了無數次。

　　留意讓你受到手機吸引的原因。什麼是你大腦期待的獎賞？獎賞會持續發生，或是變動的？如果不開啟某些應用程式，你是否懼怕錯過了什麼？

　　當大腦知道獎賞終究會到來時，就很難停止某種行為，即便這種行為榨乾了我們的生命力。我使用手機的經驗往往如此。當我只是需要放鬆一下時，它會呼喚我，「來吧！」「我們在一起多麼開心！我知道你60秒之前才看了收件匣……不過再看一次吧！檢查一下信箱，或許有些特別的郵件寄給你。」

　　我想對它說「不」，但我很少做到。我幾乎沒有意識到讓我和手機黏在一起的不是我理性的腦。掌管情緒獎勵的腦部重要區域，位於大腦深處的皮質下，藏在有意識的、深思熟慮的思想之下。

　　科技的成癮力量，與古柯鹼等毒品，以及食物、性、購物與賭博成癮作用於相同的大腦部位[9]，編寫在大腦的多巴胺系統中。變動比率獎勵時制實驗中，古柯鹼上癮老鼠在注射古柯鹼之前，會瘋狂按拉桿：有時按五次，有時兩次，有時20次。下一次按壓拉桿，可能就是他們期待的那次獎勵。

　　無法減少使用手機，來自無意中尋求手機帶來的情感回饋，那獎勵往往可緩解焦慮。在電影《蘭花賊》中，編劇查理・考夫曼（Charlie Kaufman，由尼可拉斯・凱吉飾演）坐在打字機前面，盯著一張空白的紙。他搜索枯腸，焦慮顯而易見，思緒轉向他的應對機制——食物：他想喝杯咖啡，或者咖啡加上一個馬芬蛋糕。他並非不想繼續寫，但是他的焦慮迫使他想逃開。

　　就像考夫曼的焦慮逼著他分心，焦慮也驅使我們更頻繁地檢查手機卻不自覺。有則對焦慮與智慧型手機的評論認為，把

手伸向手機往往是一種「經驗上的迴避策略，為了轉移令人厭惡的情緒後果[10]。」換句話說，焦慮令人不舒服，而手機總是能轉移我們的注意力，緩解我們的煩惱與憂愁。然而，這只是一時的緩解，注意力轉移的行為必須一再重複，這樣的逃離形式，也使我們無法發展出應付焦慮的有效方式。

事後看來，我覺得我成了手機的工具，我的注意力不在自己身上，而被抽取出來進入手機。雖然能馬上不無聊，但我發現我的空閒時間已不再空閒。一天結束後，當我只想放鬆時，我卻時常拿出手機，擔心我可能錯失手機裡的娛樂。如果我瀏覽夠多應用程式，當然也可以找到其他娛樂的方式，然而最後我總是在看一些不太有趣的新聞，那只會讓我無論是心理或身體上都更糟。

有一天我忽然意識到，無論我在手機上做了什麼，場景其實沒有改變。我正看著螢幕上一個複製真實世界的畫面，通常它的回報遠不及比它所承諾的。當我的心智持續被拉進數位世界，我的身體與靈性知道有些根本的東西不見了。這促使我回到真實的立體世界，我需要開啟其他感官，聽聽周遭的聲音、接觸物體、感受自己，或讀一本實體書。但雖然受夠了手機，我發現自己還是會反射性地伸手去拿，而且時常深受心智告訴我的說法所吸引。

辨認心智的說法

馬克和我治療過的許多人一樣，他想減少螢幕使用時間。

馬克的工作使他時常跟手機綁在一起，一旦拿著手機，他就會檢查信件、社群媒體和新聞。他不會一用就好幾小時，但手機總是擺在身邊，每小時他就要拿起來好幾次。

馬克多次嘗試限制自己使用手機，但他發現只要手機容易取得，他就難以抗拒誘惑。他想花更多時間和兩歲大的兒子麥克斯還有太太相處，太太對於他總是在用手機很不開心。

馬克的改變，從他認清心智說法開始，正是這些說法使他離不開手機。他相信如果他帶麥克斯去公園時，把手機留在家裡，事情就會失控：「如果老闆找不到我，她會氣死。」「我會錯過客戶的電話，或重要的電子郵件。」或許這些說法是真的，但是他開始思考不同的結果。真實狀況是，他幾乎從來沒有在公園裡接到緊急電話，就算錯過工作會議中的重要電話，他有空時再回電也不是問題。馬克甚至領悟到，如果放下手機代表他能與麥克斯建立更好的關係，他願意承擔一些小風險。

馬克也看穿了「只要把手機放在口袋裡，不拿出來」的想法。他明白更正確的說法是：「如果我帶了手機，我就會查看手機裡的東西。」處理這些思緒和信念相當關鍵，能幫助馬克找到平衡點，改變他的行為。

改變我們與科技的關係可能非常困難，即便我們已經意識到長時間看螢幕的代價，也渴望與世界以及其中的人們有更多連結。我們能做的最有效改變是行為上的改變；我們的心和大腦或許同意維持現狀，但我們的雙手掌握著船舵。

行動：將自己綁在桅杆上

與手機分離引發的焦慮，比馬克預期得更嚴重，因為他的心智呈現出可能發生哪些壞事。沒有手機的狀態是一種暴露療法，使他為了對自己而言更重要的事物去面對恐懼。與家人散步時以及帶麥克斯到遊樂場時，他把手機放在家裡，因而明白他的心為何發出恐懼的抗議。

藉由這些行為實驗，馬克發覺有時候別人找不到他也沒關係，而且幾乎任何事情都能等個一小時左右再處理。第一次出門不帶手機，一開始的不自在中混合著興奮。注意力沒有每分每秒被拉走，感覺多麼自由啊！他決定不帶手機，減少考慮是否要察看手機的無數掙扎；讓自己更投入當下，馬克發現自己更容易與兒子和太太建立連結。

認知上的深刻領悟使馬克採取**行動**，解開手機的束縛。他的注意力不再被各式各樣的應用程式吸引，於是獲得更深的覺察與臨在感。

控制手機的取得

開始進行認知行為治療時，只要我能很容易取得手機和應用程式，我就知道那無助於減少手機使用。過去與家人度過一週的夏日假期時，我嘗試把手機收起來。我打算在所有人起床前察看手機，然後就不再看。**沒有例外！**但事實並非如此，因為我會用手機做其他事，例如查找去動物園的路，或邊煮晚餐

邊聽音樂。每次使用手機，都是在挑戰自己設定的規則（「我只是要看一下電子郵件……」）。

第二年，去海邊的那一週，我決定把手機和電腦留在家裡。我以為我會想念它們，結果正好相反——原來沒有東西擋在我自己和世界之間是這樣的感覺。回到家時，我移除了自己可能會反射性使用的所有應用程式。這些應用程式的存在提供使用的便利性，然而移除應用程式的益處更多。大多數時間，少了使用應用程式這選項，使我覺得非常自由。

我們每個人都有不同的需要和渴望，我們也會劃下個人與科技之間特殊的界線。這些都不是萬無一失，正如我一再發現，人很擅長變通，只要在自己和科技的滿足之間製造些許分離的機會，就能在時間的運用上有更多選擇。

改變習慣最有效的策略往往是行動導向，正如荷馬史詩奧德賽的故事（抗拒誘惑顯然是個古老的問題）。主角奧德賽想聽海妖唱歌，但他知道他無法抗拒她們的召喚而讓船航向岩石，因此在抵達海妖所在的區域時，他命令手下塞住耳朵，再把自己綁在船的桅桿上。如此一來，他能聽見海妖的歌聲，卻不會在強大的衝動下航向她們。

這是一個非常強而有力的原則。**當我們最需要改變某種行為時，改變的動力往往最低。**在離海妖還很遠時，奧德賽知道不該把船撞毀，但他也知道自己無力抵抗她們的歌聲。當我們真正面對誘惑的時候，比如說最後一杯酒、最後一匙冰淇淋，或是睡懶覺時，做出自我約束的決定就會變得更難。相對地，

當我們還沒遇到這些誘惑時，決定要少喝酒、少吃甜點或早起去運動就簡單得多。

> 對於自己與3C產品的關係，設想一個你希望做出的
> 改變。哪種方法如同把自己綁在桅桿上？讓新的行為
> 更容易執行，或使舊的行為更困難都是好辦法。

做出難以收回的承諾，我們就能在自己的動力較低時，帶入較多力量。當我很想察看電子郵件時，我會忽略心裡的低語：「你真的需要現在看嗎？」所以我利用「把事情變得困難的**行動**原則」：把自己綁在桅桿上（刪除應用程式）——我可不想每次要用某個應用程式時，都重新安裝一次，顯然它不值得我花費時間與精力。

限制通知

固定的用餐時間，能減少食物出現在我們生活中的機會。想像如果廚房一直送出訊息：「你現在餓嗎？」「想吃洋芋片嗎？」「來顆蘋果如何？」「已經過了十分鐘，要不要來點綜合堅果？」聽到這些我們會多吃多少東西。出於類似理由，許多人都覺得關掉非必要的通知很有用——如此一來手機就不會一直向他們招手。

將意識帶入生活

改變我們與科技的關係不必是令人緊張兮兮的掙扎過程。我們可以利用思考－行動－臨在提供的影響力，讓它變得輕鬆自在。藉由臨在與對我們的經驗說「好」，我們就能愛上沒有濾鏡的生活，避免在自己和我們所愛的人事物之間隔著一層螢幕。有了思考的心智，我們更能了解與科技的關係，並理出活在現實世界中的計畫。透過行動，我們做出有效的承諾來體驗更進一步的臨在。

降低使用科技的程度絕不是遙不可及，只要放下螢幕，抬起頭來，發覺整個世界——你的世界和我的世界，我們周遭是完整的立體空間，頭頂著藍天，腳踩著大地。有著無限色調、超高解析度的世界永遠都在，舉目所見，延伸至四方。置身其中，我們能與自己的各個面向連結，並為正念覺察鋪路。

讓自己接觸生命更多面向，並非總能獲得深刻的喜悅或感恩的體驗，就好像在一塊沒有遮蔽的地方種植花園，也不能保證陽光會灑下來。如果放下螢幕就期待能感受到平靜或超然，我們注定會失望。有時候事情就是很無趣，或叫人失望，甚至令人惱怒。

然而當我們讓自己觸及生命更多面向，無限可能會對我們開放。行為上的細微改變看似不重要，但能帶來生活上的深遠轉變。在急診室讀新聞，或把手機帶到公園又怎樣？只是正如我們所見，這些日常生活的選擇就像是微調方向盤，會使我們漸漸走上正軌。將更多意識帶入我們所做的一切，能使這些所

作所為更強大。讓心智休息，頭腦會感謝我們，我們的雙手會
喜歡有機會派上用場，我們的心也會享受與現實共鳴，例如感
受溫暖的陽光。

　　這種方法不會讓人有被剝奪的感受，反之，迎來的是滿滿
的感恩。在平凡的日子或甚至充滿挑戰的情境中滿懷感謝之
情，是正念最根本的成效之一。下章我們將會探索思考－行
動－臨在的練習如何帶來感恩。

⟨7⟩

給予他人感謝

你或許知道心存感恩對你有益，卻往往很難與感恩之情產生連結。本章你會學到，不必試著讓自己滿懷感恩，當你意識到周遭的禮物，感恩之情會自然浮現。你將找出妨礙感恩的思考模式，以及能夠訓練你覺察的特定行動，因而注意到生活中美好事物。感恩能讓我們更願意接受生活的原貌，也更能支持我們的正念覺察。

✦ ✦ ✦

我記得十分清楚，小時候我曾在教堂裡唱著歡快的讚美詩〈數主恩典〉。即便還是孩子，我也發現這首勸人感恩的單調歌曲，對人生的艱苦做出不切實際的樂觀回應。我懷疑寫歌的人是否知道，他的勸誡有多難做到。

是否世事掛慮使你心憂悶？
是否十架重擔使你苦難當？
若把主的恩典從頭數一數，
疑雲消散，每日歌唱讚美主。

然而就我對作曲者小強森・奧特曼（Johnson Oatman Jr.）的了解，這首歌可能是他為了自己而寫。據說奧特曼在1893年也就是寫歌的前四年「健康狀況不佳[1]」。知道他不是以局外人的觀點給痛苦的人加油打氣，我覺得很安慰；他也曾經歷痛苦，或許這首詩歌並非膚淺的邀請大家表達感恩，而是一種反抗的態度：**管他情況如何，我就是要表達感謝。**

詩歌中沒有否認痛苦。我們「心憂悶」，我們的十字架沉重不堪。正如其他段歌詞所說，我們「有時憂愁喪膽幾乎要絕望」。而我們決心看見痛苦並非全貌，也不能說明一切。這種挑釁之下的感恩，是我們替自己所做最美好的事之一──尤其當我們心情低落、提不起精神，最不想做的就是感謝[2]。心存感恩的諸多好處，包括使生活更滿足[3]，讓心情更好[4]，也能加強人際關係[5]。但當我們過得辛酸痛苦時，要如何感恩？

我在病情最糟的時候，也曾怨天尤人，不斷想著：「這不該發生。」我很沮喪，覺得無法回到人生應有的樣貌。在特別痛苦的某個晚上，我收到一本新書的訊息，是現代斯多葛哲學家威廉・費拉約羅（William Ferraiolo）的著作，書中有段話對我尤其受用：「你受了苦，你之後還會受更多苦，你這一輩

子受的苦會在死亡時達到高峰。」他接著寫道：「當你真心感謝這一切的苦難，你就能得到難以被逆轉的進步[6]。」

這段話非常嚴厲，我卻在其中得到很大的安慰。原來我與疾病的搏鬥，不是在平凡生活之外的反常現象，而是活著就必須面對受苦。在那一刻，痛苦是我的現實，我可以選擇接受它而不是與它戰鬥——我可以步入正念的接受。

心存感恩有數不盡的益處，但許多人都將感恩視為充滿罪惡感的責任——是一件**必須去做的、善良的、美好的**事。感恩會讓人覺得是帶有說教意味的、我們「應該要做」的事，例如吃健康的食物和使用牙線。彷彿感恩才能使一筆交易圓滿結束，如果沒有以感恩回應，就好像買了東西卻沒付錢。

然而，將感恩當作一種責任，就失去了它的目的，如同強迫孩子用不情願的語氣嘟囔著「謝謝」。我們不必像是擠牙膏那般製造感恩的情緒，無論生活中發生什麼事，我們都能透過思考－行動－臨在的簡單實踐，產生感恩之情。心存感恩，從留意身邊事物開始。

臨在：轉移注意力

你或許看過幾年前某個幽默的聖誕節影片。開場時一個男人躺在床上，全身裹著包裝紙，拆開頭上的包裝紙時，他大喊：「我還活著！」好像這是他拆過最棒的禮物；鏡頭繼續拍攝他的早晨，他打開燈說，「親愛的，有電耶！」然後他發現

水龍頭裡流出乾淨的水；接著是蓮蓬頭、鞋子、早餐、公事包和咖啡——他持續發現各種禮物，甚至還有一輛車！在男人充滿感謝的歡呼聲中，感受不到一絲義務，只有純粹的喜悅。

這段影片很有趣，因為它和我們迎接一天的典型方式截然不同。我們往往省略了感恩，演化使得我們總是去注意生活中哪裡出了錯，像是只想找出壞消息的記者。注意哪裡出問題是很可貴的能力，也是解決問題的重要步驟，我們當然必須知道自己生病了，或是工作上、人際關係出了問題。但是太在意生活中不完美的部分，通常會使我們忽略所有美好的事物，如同晚間新聞台全是一則又一則令人沮喪的消息。我可能在好天氣出門，來到附近的住宅區，卻忽略周遭的美好事物，只看見心中的問題，我們很容易覺得自己的世界裡一切都不對勁。

我們習慣在人生的秤上按下「扣重」鍵，將擁有的一切美好事物歸零，因而加強不對勁的印象。但光是在早晨醒來，就是一件不得了的大事——**我們又擁有新的一天！**我們躺在一張溫暖的床上，不是露宿街頭；我們住在房子裡、我們有一副身體、重力把我們固定在地板上；我們走到浴室，浴室就在房子裡面！廚房裡有滿滿的食物。真正的扣重，必須從空無一物的秤開始，如此才能衡量上述所有禮物的完整重量。

小時候，爸爸每隔幾個月就會對我和兄弟們進行「感恩訓話」。我們過著普通小孩過的日子，心想每天都很順利，直到爸爸說，「男孩們，我有話要說。」**噢，糟糕**。這番訓話通常始於「家裡已經好一陣子沒有感恩的氣氛了。」我心想：「可

惡，我在上一次訓話之後打算要記得感恩的！」

　　當時的我有罪惡感，但沒有心存感恩，這不是一種道德上的失敗，我只是沒有留意身邊的事物。我沒有看見父母為我做的一切，以及人生無償提供的一切。我花了好長的時間才明白，感恩不是一種我們必須召喚出來的情緒和貢獻，感恩是我們給自己的一件禮物（所以請務必感謝自己！），而它就從留意身邊事物開始。

　　　試著進行以呼吸為中心的簡單感恩冥想。每次呼吸，
　　　在心中想著你擁有的一件好事。吸氣、呼氣，「一棟
　　　溫暖的房子」。吸氣、呼氣，「早餐穀片上的葡萄
　　　乾」。你可以細數每天經歷的事，例如冰箱或一雙溫
　　　暖的襪子，或某個單一事件，例如在超市遇到某個朋
　　　友[8]。如果你有失眠問題，也可以進行這個冥想練
　　　習。與其嘆著氣抱怨自己為何還醒著，不如趁機回想
　　　好事，例如自己是躺在一張暖和的床上，也沒有生活
　　　在戰火中（不過別把冥想當成讓自己睡著的工具，以
　　　免事與願違）。

　　藉由正念覺察，將注意力拓展到我們認為有問題的生活事物之外，注意到每件順利進行的事。與其被出錯的事情壓垮，我們可以被所有順利的事圍繞。當我們認為其他人好像都比我們幸運時，這種注意力尤其有用。

改變比較心態

生病了好長一段時間後，我苦澀地想著，為何身邊的人看起來很健康，只有我生病。我對自己抱怨：「看那些活力充沛的爸爸在陪孩子玩。」把注意力放在他們明顯健康又有活力的狀態，會放大了覺得自己沒獲得應得事物的感受——我開始覺得受到不公平的待遇。

當我們老是想著比自己更幸運的他人，就會落入這種向上比較的心態，使得我們更聚焦在自己的問題與匱乏上。但當我們想起情況可能更糟時，日常的小麻煩或甚至是大問題都變得無關緊要。

看看身邊，就能找到那些樂意與我們交換處境的人。我逐漸發現自己忽略所有依舊很順利的事情，即便在病情的低谷，也別忘了人生有可能糟得無法想像。好多次我聆聽他人的不幸故事，讓自己脫離自憐的心境，例如某人因中風而無法說話或走路，或者有些父母失去了孩子。

這並非要我們否認自身的痛苦掙扎，更不是要禁止他人抱怨。多數人一點也不喜歡聽見別人說：「你要懂得感恩，事情可能更糟。」然而轉換比較的心態，就能以正確的觀點看待我們的困境。無論此刻遭遇到什麼，有無數可能的災難是我們沒有面臨到的，而這些災難在任何時候都可能發生。

我們甚至能與自己「向下比較」，想想那些更糟的時刻。昨天我大部分的時間都在反胃，今天中午我突然注意到自己完全不反胃了，我雙手握拳舉向天空，發出勝利的呼喊：「讚！」

彷彿我剛打出一支全壘打。客觀上來說，我的身體和前一刻的感覺一模一樣，然而相較於之前反胃時的心態，現在的心情就像中樂透。

我們都曾經歷這種對比效應：胃病好轉、一切正常，令人覺得棒透了；我們從冷得叫人發抖的戶外進到溫暖的屋裡，好像走進天堂；在其中一個孩子因為感染病毒、過去一週都安靜得不尋常後，我們很高興聽到孩子們的吵架聲。心智運作迅速適應我們的情況，而比起現狀，它更容易注意到相對變化。

> 花些時間想想，現在哪些事情很順利。例如，你身體大部分的功能是否都正常？你的下一餐是否有著落？你也可以想想所有可能出錯、但現在沒有出錯的事，例如重感冒或是和伴侶吵架。不要強迫自己產生任何感受，只要以開放的心情引導你的注意力[9]。

不必等到生病康復或從寒風中進入室內，我們才感受到對比效應。多數時間、覺得不好不壞或有微負面情緒時，我們都能回想事情曾有多糟，並發現一點值得感恩的地方。回想起病情最嚴重時，我搖搖頭，並訝異於現在大部分時間我都那麼有精神。

尋找好事

大三時我和太太在法國念書，我們沒有車，因此要把買來

的菜和日用品提回宿舍。一邊走著，沉重的塑膠袋把手一邊陷入手掌中，我總覺得很討厭。不過沉重的袋子也代表一件很好的事：我們有很多食物。

感恩往往能在每天的失望或挫折中找到。飛往某個目的地的班機延誤很令人心煩，但我明白去度假也是一種特權；我們的洗碗機壞了，感謝老天我們買得起一台新的洗碗機；在趕時間還必須停下來加油很惱人，不過我付得出油錢，而且用自動機器付款很方便；全家人都感染諾羅病毒真的很慘，但這也表示我並不孤單。

多年前，我的某個病人就有一次非常戲劇性的感恩經歷。在生完二女兒的幾個月之後，茱麗因為呼吸急促送醫。醫生發現她因為懷孕，引發嚴重的心臟問題，需要立刻動手術才能保命。茱麗告訴我，手術成功之後，她與生命的關係澈底改變。她感恩一切，即便在康復期感到疼痛時也是如此；會痛表示她還活著，有更多時間能與先生和兩個女兒相處。每天早晨醒來，她都提醒自己，張開眼睛就是一份禮物。

試著回想最近經歷的一項挑戰。先不要否定你的努力，這困難是否指出任何正面的事？例如工作壓力突顯出你有一份工作，有薪水能付帳單；被送去急診室表示你能獲得24小時的照顧。時時留意其他能揭開生命中美好事物的困境。

大衛・史坦德・拉斯特（David Steindl-Rast）指出，我們可以處理孩子生病、環境被破壞、漏水的屋頂，破裂的人際關係等人生課題，對此應心懷感謝。「我們不能感謝這些事情本身。」他寫道：「但我們可以感謝能處理這些事情的機會[10]。」

如同向下比較，在練習尋找好事時，請小心不要將你或某人正經歷的困難或不舒服一筆勾銷。正念覺察不是把所有事情推開，而是擴展注意力的範圍，改變與問題之間的關係。在受苦時感恩，不是要否認受苦，而是要超越受苦。

擴展注意力範圍，注意到更多順利的事物時，我們甚至能感謝教會我們道理的挑戰，以及它如何讓我們在其中成長。

發現禮物

最近，當我發現自己在沖澡或在沙發上哭泣時，與其說是可憐自己，我流下的更常是感恩的淚水。我覺得幸好自己的心理與身體，都脫離最糟的狀況。我長期患病在許多方面來說都是一份禮物，儘管我花了許多時間才認出這些禮物——多年來我只是將健康問題當成必需拋棄的詛咒，然而漸漸地，我看見它們替我的生命帶來的美好。

我與疾病的奮鬥，使我對他人更有同理心，也幫助我理解他們的苦痛。身為治療師，意義最深遠的一些治療工作，正來自那些黑暗的時期。我更願意接受我的侷限，讓其他人看見我的弱點。我發現來自太太和孩子更深的愛，他們在我生病時以

生命做的奉獻，至今仍使我感動落淚。要不是我落入谷底（正如我在第一章的描述），我不會知道苦痛的另一邊是什麼。

我們在受苦時很難發現禮物。有時我還是會自憐，在艱難的日子裡絕望仍會找上我。但如果可以選擇，我不會用我學到的一切換取病痛消失。有時我甚至擔心，如果完全康復，我會失去那些我所知道的靈性真理，就像趕著開會的人承諾，只要能在停車場找到車位，他就將一生奉獻給上帝，然而當停車位出現時，他卻說：「承諾不算數，我自己找到車位了！」

我並不是唯一一個從困難中找到成長並因此感恩的人。我的許多病人在度過難關之後也有類似的領悟。安東尼斯描述他接受了痛苦的憂鬱症的深刻感覺：他接受了，對那段經歷說「好」，因為它塑造了現在的他。親眼看見痛苦如何將我們轉化為全新的人，鮮少有什麼事比這更令人感到強大，而這個新生的自我只能從我們生命中的碎片中重建。

這種覺察與**臨在**的品質可以改變我們的**思考**方式，讓我們改寫關於生命及生命對我們有所虧欠的基本假設。

思考：檢視信念

有個很簡單的方法找出值得我們感恩的地方，只要把生命中的好事全部加起來，減去我們認為自己應得的東西，剩下的我們都應該抱持感謝。

挑戰期待

我們常常看不出對自己應得事物的假設，因為它們反映出我們對世界的無意識核心信念：生命應該毫無痛苦、我們不該生病、我們的身體應該感到舒適、別人應該對我們好。當不可避免的失望發生，這些假設就會讓我們覺得被騙，心生不滿。彷彿人生不符合我們的期待，就是個錯誤。

小時候，父親這樣回應我們頻頻抱怨：「你要講公平嗎？公平就是每天一碗飯。」當時我聽不懂這句話，我一直假定世界應該符合我的期望，然而最令人釋懷的領悟就是，**生命沒有虧欠我們**。它不欠我們長壽，也不是過著身體舒適、沒有精神壓力的日子，不是良好的健康狀況，不是我做的每件事都該得到讚美和感激。

發現事情就是如此時，我大為震驚。我問自己：「但是生命理應虧欠我……它總欠我某件事──是吧？」最起碼的壽命？活到我的孩子成年？免除某種痛苦？但並非如此。說真的，朋友們，以上皆非。我們甚至不能度過什麼問題也沒有的一天。

生病時我必須重新想起這個教訓。在我腦子裡，對於尋求解脫的祈禱，我只接受一種回應：移除我的苦難。因此，我將自己持續的困境解讀為一種不體貼的已讀不回。好幾個月之後，我才認清讓我度過生病與憂鬱症的禮物──家人的愛與支持圍繞，他們一次又一次給我面對挑戰的力量。

矛盾的是，明白那些不受歡迎的問題不是宇宙出了毛病所

導致，反而令人感到安慰。我們擁有的一切都是禮物，包括生命本身。大衛・史坦德・拉斯特在《寂靜之聲》中寫道：「我們被賦予生命；每一刻都是贈與。」看似顯而易見，多數人卻經常忘了這道理。史坦德・拉斯特說：「唯一適當的回答，就是感謝[11]。」

質疑心智故事

　　最常見阻礙感恩的心智故事之一，就是「這件事不該發生在我身上。」彷彿只要生命重擔落在我們肩上，就是放錯了地方。**生病？**不在我的字典裡。**不方便？**絕對跟我沒關係。**感到失望？**一定是搞錯了。背負以為不屬於自己的苦難，就像是從地上撿起別人的髒衣服。**這不應該是我的問題！**我們抗議。

　　多年來，我很確定我的疾病送錯了住址。我很注意自己的健康、我吃得好、有運動，會花時間在朋友和家人身上，因此我變得這麼疲倦、沉默、悶悶不樂完全沒道理。但是堅持這一切不應該發生在我身上，卻使事情更糟。當我接受這是我該背負的，重擔似乎輕多了。

　　我們可以用認知技巧檢視排擠感恩之情的思緒，例如我生病時非黑即白的想法：「沒有一件事情順心」。我狹隘地把焦點放在**不對**的事情上，忽略所有對的事情，就像一個人去參觀羅浮宮，卻只注意排隊上廁所的人潮。自問我的信念是否絕對正確時，我發現它與真相天差地遠。**我能呼吸！**這絕非不值一提的事；我能走路，即便在疲累的狀態下；我的聲音受損，很

難說出對孩子的愛，但我能擁抱他們。

> 只要專注呼吸，不要想任何事，呼吸本身就是一項感恩練習。畢竟是呼吸這件事使你能活著。在靜默的意識中保留這樣的領悟，做為你對這次呼吸……以及這次呼吸……以及這次呼吸的感謝……。

有許多方法提醒我們自己所擁有的，從肺裡飽滿的空氣，到生命中的許多人。透過練習，我們可以訓練心智超越狹隘的期望，認清所有顯現出的生命禮物。我們可以選擇將注意力放在生命中95％的好事，而不是5％不完美的事。

行動：表達感恩

不能強迫感恩，然而思考－行動－臨在可以提供許多練習，為感恩的經驗打開大門。

好事日記

在經歷憂鬱症的時期，一天結束後，我的感覺就是**今天好辛苦**。我的注意力可想而知早已被負面的事情吸引，但即使是除了掙扎沒有別的感覺的日子裡，還是有許多好事發生：我能夠洗熱水澡、每一餐都有好吃的食物、家人還愛著我。

在每一天結束時寫下這些順利的事，能有效把注意力轉移

到生活中的美好事物。許多研究顯示，這個簡單的練習能激起感恩之情[12]。寫日記也能幫助我們在一天之中更關注順利的事，如此解除「沒有一件事情順心」的信念。

我開始把日記放在床頭，在睡前寫下一天中發生的至少三件好事，當作自己認知行為治療的一部分。如果你試著做這個練習，最好指出特定的事情，不要泛泛而論；例如，我不是寫「我的孩子們」，而是寫「晚餐後和孩子們玩接球遊戲」。留意不要落入死板的內容，例如「空氣、水、食物、砰，晚安。」

我建議買新的筆記本來做這個練習。過去我曾用廢紙或便利貼，但是寫在特別準備的簿子上比較正式。當頁面漸漸被填滿，能加深我們對生命中所有美好事物的提醒。和所有感恩練習一樣，只要專注在你列出的事情上，不要試圖召喚感恩——評估這麼做是否「有效」，很可能使你遠離任何體會。

「謝謝你」

練習感恩最有效也最明顯的方法之一是對某人說「謝謝」。留意有哪些表達感恩的機會，能使我們注意可能錯過的好事。研究發現，即使只是寫下感謝的人，也能提升我們的福祉，不過最大的好處來自於明確表達我們對那人的感謝[13]。

我們可以在家練習。與我們同住的人往往會被其他的日常經驗「歸零」；受到家人的注意與感謝，對我們的親密關係絕對有益。我們也可以拓展這項練習，對時常被視為理所當然的服務表達感謝，例如魚販替我們挑選海鮮，以及郵差在風吹日

曬雨淋時替我們送信。

　　大致來說，感謝愈具體愈好。相比「感謝你所做的一切」這種空泛的陳述，說「我喜歡你花很多心思，把莓子擺放在莓果塔上。」更能傳達真摯的情感。精確的描述，顯示你真的注意到其他人所做的事情。

　　我們不只能對特定的情境表達感謝，也能對自己內在發現喜悅的意願表達感謝。無論我們看到自己的狀態——富有或貧窮、生病或健康，都能發誓安於自己的經驗，因而心存感恩。

對生命保持開放

　　許多能迎來感恩的方法都有共通點：處在當下。基本上，願意對生命保持開放態度的本身，就是感恩的精髓。在開放的態度中，我們對生命給予的一切說「好」，從最光明的時刻到最黑暗的時刻皆如此。我們接受宇宙萬物原有的樣貌。

　　根本的意願來自靈性練習——這是一種崇敬的表現。敞開心扉接納一切現實，將我們與恆常的靈性連結，它始終存在，並見證我們的生活。我們的靈性不會被鎖定在情境的好／壞、贊成我／反對我、愛它／恨它的二分法判斷中。這靈性的調和孕育出感恩，感恩又回過頭來滋養我們的靈性。

　　感恩就在我們願意接受真實世界的態度中。與女兒在急診室的那晚，當我拒絕用手機放空，我發現的正是感恩。艾達在睡覺時，光是藉由察覺我在當下，而且上天垂憐一切順利，在病房裡「無所事事」的經驗就轉化為萬事俱備的經驗。

　　當我們認清感恩是一件禮物，它就能引發更多的感恩。我們感恩自己能心存感恩。「當我們感謝給予我們的一切，無論那如何艱困。」大衛·史坦德·拉斯特寫道：「無論事情如何不請自來，感謝本身就能使我們開心[14]。」從這觀點看來，沒有心存感恩也無須有罪惡感，我們有所保留的對象主要是自己。感恩是人生無數的幸事之一。

　　有一種比我們的處境更深刻的滿足。正如使徒保羅寫給腓立比的一番話：「我知道怎樣處卑賤，也知道怎樣處理豐富；或飽足，或飢餓；或有餘，或缺乏，隨事隨在，我都得了祕訣[15]。」關鍵就在感恩。「在所有情況下都要感謝[16]。」保羅在《聖經》中這麼說。雅各進一步說：「我的弟兄們，你們落在百般試煉中，都要以為大喜樂。」他寫道：「因為知道你們的信心經過試驗，就生忍耐[17]。」

　　或許在某些時刻或某些日子裡，我們會說「去他的感恩，這太難了。」有時情況真的很苦，我們不能光靠感恩脫離苦海。有時候生命的不公平讓我們想痛哭，我們也能處在**那樣的**經驗中。當我們在那種狀態裡，心存感恩不代表你從未替自己感到難過，或從未渴望從痛苦中解脫；感恩與善待自己是相輔相成的。在試驗中我們不能抄近路，利用感恩做為擺脫痛苦的免死金牌。有時候我們必須迷失在痛苦中，才能找到自己。

　　或許一部分感恩，來自於我們知道宇宙也為我們的挫敗和自憐的情緒留有空間。它也接納我們自私的禱告與苦澀的誠實——不只是我們勉為其難做出的感恩。

　　在某些日子裡，我也覺得感恩遙不可及。我知道心存感謝是選項之一，我卻選擇對於不順心的事抱怨連連。我學會不要對那些事件覺得有罪惡感。同樣《聖經》〈詩篇〉中宣告「我要歌唱耶和華的慈愛，直到永遠。[18]」時也懇求：「你要忘記我到幾時呢？要到永遠嗎？你掩面不顧我要到幾時呢？[19]」

　　因此，如果你就像小強森・奧特曼所寫感到「心憂悶，苦難當」時[20]，不用強迫自己感恩，先接受這是你的重擔，感恩從我們說「好」開始。置身於經驗中，只要注意到你所擁有的：痛苦、掙扎、應對方式以及成長的機會。當我們願意進入每個遇到的情況，就能發現超越我們處境的喜悅與滿足。

　　立足於正念**臨在**的感恩，將會從根本上改變我們對生命的**思考**。它能引導我們培養更多正念與感恩，並以此**行動**。正如我們在下一章會看到，它也與我們身體與心智其他需求有密切的關係。

找回恆久的平靜

　　回到我們內在的家，找到平靜與連結的基礎，這就是休息。本章你將學到平靜不能缺少正念信任，以及工作時同樣能靠正念讓你放鬆；同時找出哪些思緒類型防礙你找到真正的平靜，以及如何對抗這些思緒。你會發現，你甚至不再追求人生有所不同，而能平靜下來，打開通往正念接受、與當下經驗連結的大門。

◆　◆　◆

　　我在私人診所執業最初那幾年，強調自我照顧和壓力管理的重要性，但有個前提：如果時間允許的話。那是我人生中非常緊繃的一段時間，家中有三個幼兒，我在當地學院擔任全職教師，執業心理師的事業也愈來愈大。我幫助病人處理無法負荷的壓力，卻沒有時間管理自己的壓力。

　　平日時段滿診後，我開始在週六看診，晚上也在家裡用視

訊看診，就算生病我也不肯休息。我知道自己工作時間太長，但覺得不可能減少工作時數，我無法不顧那些需要治療的病人，並且暫時的教職即將結束，我也擔心家庭的財務是否穩定。「如果我執業的時間不夠怎麼辦？」我煩惱著，「我們要怎麼負擔房貸和健康保險？」

於是長時間工作與持續的壓力很快找上我。我在家時更易怒，以致於當時五歲大的孩子時常喊我「氣呼呼的爸爸」。家庭責任彷彿成為不受歡迎的打擾，占用了我的工作時間，使我分身乏術。每天晚上為了放鬆，我開始喝更多酒。多年前我想成為心理師的熱情如今已消失，週末到來時，鬆了口氣的感覺又因為週一要工作而蒙上陰影。即便度假一整週，我也覺得太短。「我辦得到。」我在心中堅持，「我只需要更好的壓力管理。」但是我的「應該」沒有改變我油盡燈枯的事實。

直到我與死亡擦肩而過，才意識到沒有管理壓力的巨大代價。一天傍晚，我從辦公室騎腳踏車回家時，經過一個十字路口，我在右手邊看見一輛車子正要闖紅燈，我及時用力剎車，車子從我身邊呼嘯而過。差點被撞死令我頭昏眼花，幾秒鐘後我想：「至少**這一切**都能做個了結。」這樣令人震驚的想法讓我領悟，有一部分的我可能樂見以死亡結束所有壓力。

我們如何減低壓力，在忙碌的生活中找到有效的方法讓自己平靜？這個問題引導我在接下來幾年做出重大改變，最終它幫助我發現完全的休息方式，並且所有人都能做到。

認清壓力

從眼角看見那輛車子沒有停下來時，我的交感神經系統讓身體準備行動，避開危險。我的腎上腺分泌腎上腺素到血液中，心跳加快，呼吸也變快，還有許多其他改變都能使我免於撞上車頭。

一會兒之後，我的身體也啟動下視丘－腦下垂體－腎上腺系統（HPA軸），讓腎上腺分泌不同的荷爾蒙，例如皮質醇，使身體處在活躍的狀態。你或許很熟悉在高度壓力之下皮質醇升高的感覺，例如在期末考週或在工作的重要階段——處在這高頻率的週期中，我們很難放鬆。

騎車回家時，我還能感覺到腎上腺素遺留的作用：心臟狂跳、雙腿發抖。我比平常警覺性更高，在十字路口格外留意車子，在通過時確認路口是否淨空。到家時，我的副交感神經系統已啟動休息和消化反應，抵銷了交感神經系統的影響，身心不再過度緊張，我又冷靜了下來。

我們的神經系統設計精密，能處理短暫的壓力。面臨威脅時，大腦會啟動全身反應維護我們的安全，準備與敵人戰鬥、逃跑或停留在原地不動。在受到生命威脅時，擁有強大的壓力反應是件好事；開啟壓力反應能保護我們免於傷害，危急的威脅消失後，反應就會退去。

對多數人來說，感受到壓力並不罕見，也非稍縱即逝；反之，我們時時刻刻覺得緊繃，好像生活在永遠不會結束的期末

考週。然而我們感受到的危險甚至不是真的——這些可怕事物的壓力來自我們的**想像**，例如錯過火車或丟了工作。一個接著一個的待辦事項，造成持續的緊張感，使壓力不斷增加。壓力與威脅感不斷啟動交感神經系統與HPA軸，壓力荷爾蒙不斷分泌，漸漸地對身心造成重大傷害。即便生活忙碌，也感到異常空虛。

> 等待你回應的任何一件事，都能成為壓力來源。什麼是你人生中最主要的壓力來源？想想壓力如何影響你的身心，甚至影響健康。你是否需要更有效的方法控制壓力？

我無法控管的壓力所引發的效應，數年來一直影響著我，最終造成慢性病。睡眠狀況不佳往往是壓力爆表的初期徵兆，其他指標還包括身體的緊繃、焦慮、易怒、消化問題、酗酒和憂鬱症。隨著壓力持續累積，我經歷上述所有問題，身體的狀況也隨之而來。

然而，我花了很長的時間才認清壓力在健康中扮演的角色。在病況最嚴重時，我時常覺得整個身體都在嗡嗡叫，彷彿我是個忘記被按掉的鬧鐘。我發現自己時常聳肩，好像要隨時準備迎接衝擊。身體的緊繃加劇了潛在的不安感，我總是緊張擔憂，每一件事都會嚇到我，孩子愉快的尖叫聲也像在刺激我的神經系統。

　　意識到自己的壓力多大時，我求助於一般緩解壓力的方式：每個月去按摩、和家人度假、每天冥想，但只能獲得短暫的舒緩。有時這些活動甚至會增加我的壓力，例如在海邊度假的那一週，我緊盯著自己的壓力程度：「我現在感到放鬆嗎？現在感覺怎樣呢？」每次檢查自己，都有股輕微的焦慮感，因為在回到我永無止境的壓力現實之前，度假是一大賭注，是「放鬆的好機會」──然而這樣想只是把對工作的壓力換成了對壓力的擔憂。

　　即便身、心、靈都迫切渴望休息，我們還是很難從壓力中得到平靜。普通的壓力管理技巧如放鬆練習或許有用，不過許多人都覺得不夠。本章後段會提到，休息時間對緩解壓力也不可或缺，我們能從休息中受益。我從自己和病人身上發現，無論做什麼事，我們都會感受到壓力，真正的休息不光是做了或沒做什麼，它更與臨在有關。

臨在：放下一切

　　幾年前，我為一個很難搞的老闆工作，他不停要求員工證明自己的價值。那是一段精疲力竭的日子，如果總是有人告訴你做得不夠，實在很難有喘息時間。離開那份工作和它每天帶來的壓力，著實叫人鬆了口氣。然而我漸漸明白，我才是自己壓力的來源。

　　即使沒有霸道的老闆，多數人還是持續把「自己做得不夠

好」的恐懼加在身上。我們用自己可能沒注意到的微弱聲音，批評自己做的每一件事：「它夠好嗎？」即使在做喜愛的事情，我也發現內心在低聲審視自己，例如做馬鈴薯餅時它輕聲說：「你確定有把薯絲的水擠乾嗎？」做每件工作都像在測驗自我價值，或讓老闆、孩子、父母、伴侶、上帝、高我……失望的機會。背負這樣的重擔，難怪我們隨時都感到壓力。

> 想想所有你覺得自己有所不足的感受。你有多常覺得
> 自己沒達成目標？你往往有哪些自我批評的念頭？試
> 想這些心智模式如何造成日常生活的壓力。

如果我們不能放下對於自己不足的恐懼，那麼休息時間再長也沒用。我度假時也帶著壓力，擔心我不在診所時一切都毀了，也懼怕我回去工作後要面對的待辦事項。我不相信自己可以放手，也害怕接到病人來電說他正處於危機。如果沒有持續關注與投入，我認為事情一定會脫軌，我必須不眠不休，拚命確保一切都能順利。

連冥想練習都不大能讓我喘氣，因為我把它當成待辦清單上的另一件事，以及我能否通過的另一項測驗。最後我領悟到，正念的信任就是心的寧靜。我開始信任自己可以不再汲汲營營避免失敗，或者做超出我能力以外的事，我也容許安於接受原本的自己。這些都是壓力對我造成傷害時，我沒有注意到的關鍵。

我的病人愛麗克斯找到了這種更深刻的平靜形式。她和許多上班的父母一樣，覺得自己無論在工作或家庭方面都失敗了，所有人都對她很失望。她開始失眠，臉上帶著許多病人都有的疲憊不堪。愛麗克斯提到，她幻想自己擺脫那高壓的工作，過著簡單的日子，有更多時間陪在伴侶和兩個孩子身邊。她渴望得到身心所需的平靜，也希望正念能幫助她。

藉由冥想與日常的活動，愛麗克斯和我一起練習了幾週正念臨在與接受。她學會當心智被不確定的未來拉走時，把重心放在她當下在做的事，接受自己也接受她的處境，包括她身為人的侷限。

在我們療程結束的兩年後，我遇到愛麗克斯，她的改變使我大吃一驚。即便在治療的後期，我也沒看過她流露出如此輕快的態度。她持續進行我們當時執行的冥想與每日正念練習，她在公司組織了正念訓練小組，也與太太分享這些練習，過著更為和諧的婚姻生活。愛麗克斯在苛刻的工作中依舊倍感壓力，但她已不再一心只想著失敗的可能性。

我們之前探討過關於正念的基本元素，有助於得到休息。

專注在眼前事物，便能放下心智創造出的未來威脅。
我們可以接納現實，不再拚命讓事情順著我們的心意進行。

在這樣的基礎上，我們就能跳脫困難的想法和情緒，隔著一段距離觀察它們。我們甚至能脫離壓力本身，明白雖然自己

正經歷壓力，心中卻有一個完全處於平靜狀態的觀察者。

　　終於放下心智與情緒的重擔後，我體驗到和愛麗克斯同樣的輕快感。這重擔我背負了太久，導致我以為那是我的一部分。我明白不必對自己如此苛刻，我的價值不是取決於我的生產力或成功，我得到的解脫比想像中更近在眼前。解脫不是取決於一次度假或某種特殊的呼吸法，它時時刻刻存在，即便我們狀況很好時也一樣。

自在地工作

　　我的聲音指導老師黛安・蓋瑞（Diane Gaary）時常敦促我想想，是否能「少做一些」。她的意思不是放假，而是以自在的態度去做每一件事，無論是說話、走路或寫作。有了正念臨在，就能擁有這份自在。我們可以學習，做每一件事時只用上剛剛好的力氣，不要過於費力。

　　這種自在是非常令人著迷的，例如小提琴家放鬆的手腕，奧運游泳選手流暢的姿態，清澈溪水的緩緩流動等。把力氣集中在當下所做的事，而不是試著強迫自己產生希望的結果。多年前在我辦公室外盤旋的老鷹，使我看得目不轉睛，牠體現了我所沒有的自在。這種平靜的最大好處，就在於無論做什麼——工作時、度假時以及暫停任何活動時，我們都能得到休息。當我寫下這句話時，我比上一分鐘做得更少了，只因為我意識到我可以「少做一些」。

即便是你閱讀本書的這一刻，你也有可能做得更少。
放下你不需要的事：不必要的肢體緊繃、過度費力、
暗自擔憂、可能失敗的假設。讓輕快的感覺在你不過
度努力時浮現出來。

要獲得全心全意的休息，建立正念覺察與自在感不可或
缺。如果沒有以**臨在**為基礎，在努力放鬆時只能感覺到努力而
少了放鬆，彷彿壓力管理是另一個需要達到的成就。正念幫助
我們拋開任務取向，只把注意力放在當下。有了對當下更多的
覺察，我們就能認出壓力的特徵：瘋狂的想法、緊繃的胃、緊
縮的下巴和在我們體內流動的能量品質，藉此選擇釋放某些壓
力的想法與行動，獲得休息。

思考：讓心智支持休息

我們對自己訴說的執念，往往使我們無法休息。這許許多
多的執念都來自無比熟悉的核心價值，彷彿是不可動搖的真
理——我們似乎必須彌補某種不足。

辨認執念

愛麗克斯的執念是「我必須去做每一件事」；有那麼多事
情要做，休息似乎很不負責任。我的執念是「我不被允許停止
努力」；我一直把腳放在油門上，被時間不夠用的恐懼所驅

使，我擔心自己來到生命的最後一天或最後一個月時，悔恨做得**不夠**。

如果你很努力想得到必要的休息，請聆聽你的執念。

常見的念頭如下：

弱者（或懶惰、任性的人）才需要休息。

得到他人的允許我才能休息。

休息愈多，生產力愈少。

我不配休息。

我做得不夠。

如果不覺得有壓力，那就表示我還不夠努力。

我必須讓所有人開心。

選擇一個不同的出發點：假設一切已經足夠，相信你擁有所需，就能改變你與休息之間的關係。這種心態上的轉變也能緩解你感到時間不夠用的壓力。

與時間交朋友

我們與時間的關係，是我們感到壓力的重要原因。多年前我和太太在某個夏令營工作，那裡的員工要輪流幫忙為數眾多的營隊學員洗碗，輪到某些員工時，他們似乎拚命想把事情做完，他們亂扔東西、在別人刷洗和放洗碗機時吼著要他們動作

快，隱含「你們花太多時間」的訊息，在廚房裡製造出瘋狂的
壓力。

　　永遠認為每件事都花太多時間的感覺，是我的罩門。洗衣
服、煮飯、運動、寫作——無論做什麼事，我都覺得是在工
作，因此我累壞了，連設定烤箱溫度都曾是種煎熬。我家烤箱
每按一次按鈕可以把溫度升高五度，如果要設定450度，我就
感覺彷彿要**永遠**站在烤箱前面。終於有一天，我問自己：讓烤
溫到達450度**實際上**要多久？（鏘鏘鏘鏘……）答案是七秒
鐘。我不由得哈哈大笑，難道我為了**這七秒**折磨自己？我的身
心健康無疑更有價值。

　　許多人都感受到必須快速的壓力，彷彿時間是我們的大
敵。當我們從手邊的這件事匆忙換到下一件事時，覺得每件事
情都花太多時間。當我們堅持某件事情花太多時間，就是與時
間對抗——這是一場必輸的仗。希望花更少時間，不但不會加
快辦事的速度，還會毀了所有活動的樂趣。

　　在做今天的某個活動時，該花多少時間就花多少時
　　間。拋開匆忙做完這件事、再做下一件事的衝動。時
　　常提醒自己，時鐘不是你的敵人，用做某件事所需要
　　的時間，好好去做那件事。

　　我們也可以留意常見的錯誤，那就是相信自己能夠在已經
很短的時間裡，多擠一件事情進去，例如在出門赴約前把一堆

衣服放到洗衣機裡。額外的時間壓力通常與多獲得的那一點點的生產力不成正比。

給自己更好的思考方式，才能計劃讓自己休息的行為。

行動：適當的無為

壓力往往能自我延續，威脅感會啟動「做更多」的反射動作，即便我們真正需要的是暫停一下。那就好像是錯的溫度自動調節器：室溫太高時沒有把暖氣關掉，而是把暖氣調高。結果造成失控的忙碌與壓力的循環。

當我被工作與其他承諾壓得喘不過氣來時，再多的放鬆練習或維持健康的做法，也不能抵銷我承受的過度壓力。我一直嘗試打開窗戶讓室內冷卻，然而我需要的其實是把冷氣溫度調低。雖然我們能在做任何事時活在當下，從容自在，但在某個時間點上，太多活動還是會壓縮休息時間。

我們不是機器，不停工作會使人生失去平衡。「我們的活動創造某種像離心力的東西。」大衛‧史坦德‧拉斯特（David Steindl-Rast）在《感恩，祈願之心》（*Gratefulness, the Heart of Prayer*）中寫道：「它們往往使我們脫離重點，關注邊緣的問題。我們日常的活動轉得愈快，拉力就愈大[1]。」當我們不再旋轉時，比較容易活在當下。

對我而言，療癒過度壓力的關鍵，就是那些無為的時期，它能放鬆身心，讓我超載的神經系統得到休息。正如壓力要求

我做得更多，休息也讓我想要更多的暫停。在這些暫停之中，我可以找到心智與情緒的空間，將我帶回中心，幫助我看穿「我需要做得更多」的執念。

度假

想讓自己休息一下，最直接的方式是去度假。研究證實，度假對於我們的健康與幸福有許多益處：增加活力、讓心情更開朗、感覺更健康，以及減少緊繃感與疲勞感[2]。然而，這些益處能維持的時間都不長，正如你或許能從個人經驗得知，幾乎所有來自度假的生理與心理回饋，在回家後的一或兩週就消失無蹤。

即使如此也不代表我們可以忽略度假的益處，度假的最大好處之一，是我們有空間尋找生活中的新觀點，也能從遠處把事情看得更清楚。我們或許領悟到自己的生活方式並不合適，於是進行改變，這種改變持續的時間遠遠超過度假的直接影響。例如，唯有在度假時，我才明白我想要減少螢幕使用時間，正如我在第六章提到的。

然而，我們不能光靠每年度假數週來讓自己感到平靜，就算每年度假四週——這超過多數人放假的時間，我們也還是有匆匆忙忙、壓力過大的48週。對我而言，每年夏天度假一週，不足以遏制日益高漲的倦怠與反胃感。度假本身可能也很累人，而在離開一週之後，我們往往有著堆積如山的工作進度要趕上。顯然，我們需要其他方法處理壓力。

日常的休息

　　我很訝異於長久以來自己每天休息的時間多麼少，我其實沒有刻意安排得這麼忙碌，但即便我想減少工作，行程表似乎總是很滿。我終於理解只是「希望休息」還不夠，我需要特定騰出不做事的時間，不然每天的例行公事就像是花臺上蔓生的野草那麼多。

　　我必須做**計畫**，讓自己不那麼忙碌——正如我計劃要制止花園裡的雜草，我得承諾守護行程表裡的空白時段。我的思考－行動－臨在包括每天保留一段照顧自己的時間：只為休閒而讀的一本書、坐在花園裡和孩子聊天、無所事事。這些平靜與放鬆的時間，有助於減少壓力的臨在品質。

　　開始計劃你的一天，就好像你很關心替他安排的這個人。仔細檢視明天的行程表，注意其中是否排入任何非必要的壓力。例如，你是否答應去做某件其實可以不做的事？此外看看你能否在每項活動之間排入休息時間，以及你是否有時間做必要的事，例如睡覺和運動。你不必一下子大幅更動行程表，只要替明天的計畫做出一項改變，讓你更期待即將到來的一天[4]。

　　我們可以從更安靜、更聚焦之處，與自己的靈性重新連結；在壓力太大時，我們往往會把這個部分推開。最有效的方法是把休息變成生活中固定的活動，例如每天早上散步，或者

每週五和朋友吃飯，如此一來，我們不必每次都得決定要不要去做這些事。例如我安排早晚做短暫的瑜珈，早餐前一次、睡前一次。

　　休息時間不用長，只要在午餐時間花15分鐘散步，或做放鬆的運動，大幅降低壓力與疲勞感——不只當下如此，在工作整天後也一樣[5]。我時常在午休時間到外面散步五分鐘，然後查看信箱，重新整理思緒。每天中午投資一小段時間，為身心健康付出心力，在一天結束之後，我們能不再疲憊也更能放鬆。重要的是，午休的好處不只來自暫停工作，還來自做些讓我們感到充實的事。

思考－行動－臨在的休息

　　我治療過的許多人都曾努力想找到有益身心的休閒活動。以大衛來說，他下班或下課回家時已精疲力竭，於是他幾乎整晚都在看YouTube影片。某方面來說他確實放鬆了，可是睡覺前他覺得自己和回家時一樣空虛。漸漸地，大衛發覺他渴望與其他人有連結。

　　當所有待辦事項使你壓力爆表時，試試這做法。**臨在**：停下來，回到自己的內心，用一次深呼吸找到你的中心。**思考**：問自己你的執念是什麼，例如「我無法做完所有事」或「我無法承擔休息的代價」。你的想法是千真萬確的，或者有其他更真實的想法？**行**

動：想想你能給自己哪些休息方式，例如在街上散步五分鐘或沖個澡讓自己放鬆。如果不能立刻休息，你是否能盡快安排，讓它成為你期待的一件事？

給予身體、心智與靈性所需，我們才能獲得真正的休息。有時我們需要的休息是躺下來、整個週末都在閱讀，或是小睡片刻。其他時候我們需要到戶外，動一動渴望運動的身體。有時休息代表獨處，而大衛發現他需要的休息是擺脫孤獨，他覺得下班後跟朋友聚在一起，比起例行作息要來得充實。正念覺察幫助他聆聽自己傍晚的真正需要，並依此回應。

關照思考與行動不只能大幅減低壓力，也有助於培養更深刻的休息經驗，甚至能平息匱乏感。

平息匱乏感

我們受到強大的制約，總是想辦法找點樂子或消除不舒適的感覺，藉此改善情況：出於本能抓點東西吃、一直轉換電視頻道、滑手機看社群媒體……只要能消除多數時間隱約存在的不滿足感。但時時渴望事情能更好，使得我們與現實背道而馳，無法平靜下來。即便消除壓力的動力也是一種無止境的、本身就創造壓力的狀態。

我們沒有意識到這種動態會導致壓力，因為我們早就習以為常。在我的生活中顯而易見的例子，是我與酒精的關係，多年來我依賴它讓生活更好：它讓我放鬆、促進社交、促進觀看

體育賽事的體驗。然而在喝酒背後貪得無厭的動力，往往帶來一定程度的壓力，因為我追求的是一種難以捉摸的、**剛剛好**的感覺。

我們所渴望的休息不在於加強正在發生的事，而是來自於不再相信我們需要比現在更多的東西。天主教修士多瑪斯・牟敦（Thomas Merton）將這樣的休息形容為：「超越所有欲望，是一種無限延伸的滿足[6]。」我們可以停止追求我們喜愛的事，在此時此刻平靜下來，放掉所有事情應該有所不同或更好的期待，在接受中獲得休息。

正念的接受使愛麗克斯放下重擔，她漸漸看見她一直與自己作戰，藉由正念覺察，她學會與真正的自己做朋友，也與每天的混亂與不確定和解。**那**就是她渴望的家——在這個家中她真正受到歡迎並感到平靜，重新與她的靈性核心連結。當她回到內在的家，她在現有的生活中同時獲得平靜。

我們的靈性永遠安居在當下全然的簡單之中，找到靈性的連結，能使我們找到做與不做的平衡，並質疑增加我們壓力的那些想法。不再需要逃避恐懼或證明自己的價值時，還有什麼能強迫自己渴望得到更多？知道自己已經擁有一切所需，我們就能夠休息。

休息是我們的福祉與自我照護的基石，它能讓我們與原本的自己連結，在生命中的每一刻都感到自在。正如我們將在下一章了解，休息是與我們的身體培養愛的關係之關鍵。

9

愛你的身體

你與身體的關係，是你與自己連結的基礎。我們都知道好好照顧自己身體的方式，然而我們總是很難做到睡飽、持續運動和注意良好飲食。本章說明思考－行動－臨在如何提供影響力，讓你達成你設定的目標。當你關愛自己的身體、和身體連結時，你在身體這個家會更自在。

✦ ✦ ✦

在40歲生日前夕，我的健康狀況開始急速走下坡。首先，我的喉嚨反覆發炎，每天都要服用10到15滴咳嗽藥水。我以為身體只是出現了不必要的不舒服，卻沒想過它可能試著告訴我重要的事。

身體發出的訊息很快變得愈來愈大聲，也愈來愈緊急。當身體已經沒有活力讓我完成晨跑時，它宣布：「我可能需要一點幫助。」我把這當成是邁向40大關、年紀增長時無可避免

的衰退。但不久後身體再度發出吶喊：「我們出問題了！」我無法睡覺、記憶力時好時壞，我運動一、兩分鐘就覺得疲勞，令我很困擾。以前我一次走兩階地鐵樓梯，現在我必須一階一階慢慢走，我的大腿痛得有如千金重，走上地面後必須停下來喘口氣。同時，我的喉嚨嚴重到讓我愈來愈說不出話。

當時我不了解發生什麼事。在過去的40年裡，身體幾乎配合了我所有的要求：跑步、騎腳踏車，還包括長時間工作和睡眠不足。我只有在身體暫時出問題時才會極度關注它，例如感冒或閃到腰。接下來的四年裡我的病情加重，我因此詛咒身體，覺得它背叛了我。

後來我才領悟到是我背叛了身體，我把它當成最後才考慮的事物，而且覺得它理所當然要滿足我的需求。即使我忽略了它，我也要求它照顧我，彷彿我詛咒的是一個我從未好好照顧的凋零花園。

藉由生病我學到，我們重視的一切，從工作、感官經驗，到我們最深刻的人際關係，都取決於照顧自己的身體。那麼我們要如何把身體當成值得照顧的事物？

答案是保持正念臨在。當心智放在過去或未來時，我們忽略了與身體的連結，而身體只存在於此時此地。匆忙去做下一件事，其實是讓我們與身體產生矛盾；如果我們認為自己需要在**那裡**，那麼我們的身體在**這裡**就會是問題。反之，活在當下使我們以身體處在的現實為立足點，讓我們與身體培養親密、關照的關係。照顧我們的身體能與正念覺察相輔相成，加強與

當下的連結（圖5）。

照顧與連結身體有三種主要面向：睡眠、運動與飲食。

熟睡

睡眠是自我照顧的第一個基石。有好長一段時間，我沒有滿足身體對睡眠的需要，吝惜那些看似空白的幾小時。但即使睡覺是無所事事的狀態，它也絕不是浪費時間。

長達數年的慢性失眠使我學會睡眠的真正價值。睡著很容易，但保持睡著狀態則否。我大多數的日子會在凌晨兩、三點醒來，並且不會待在床上翻來覆去，而是直接開始我的一天。當周圍的世界都在睡覺，自己卻醒著在做事，讓人感到寂寞。許多個日子裡，我就這樣昏沉地醒著，與世界失聯，期待能回到床上睡覺，卻又害怕另一個失眠的夜晚。

圖5

　　鮮少有什麼事比睡個好覺對我們的身心健康來說更重要，許多生理功能必須依賴睡眠，包括活力、記憶力、專注力、免疫功能、組織修復與荷爾蒙調節。好的睡眠品質有助於防止焦慮、憂鬱症和酗酒問題[1]，也能使你成為更有效率的工作者、更安全的駕駛[2]和更好的伴侶[3]。而慢性睡眠問題令人倍感挫折與沮喪，讓我們感覺自己只是個空殼。

　　當我們總是能睡個好覺，還可以進一步讓使睡覺滋養靈性。思考－行動－臨在原則，能提供我們進入神聖睡眠所需的一切。第一件要做的事情，就是**不要做**。

臨在：放下

　　睡眠邀請你進入夜晚的正念臨在，它介於你剛度過的一天和你即將開始的一天之間——在回憶與幻想之間，在這幾小時內沒有什麼事要做，也不需要去任何地方，只要在原地就好。睡覺時只要求你做一件事，不過更準確來說是「無所事事」，因為它是極少數愈努力結果會愈糟的活動。

　　與其**嘗試**睡著（這種說法暗示睡覺需要我們刻意的控制），我們其實是釋放自己，進入睡眠狀態。我們唯一的任務是交出自己：睡著是一種放下，也是信念的行動。正如天主教神父理查‧羅爾（Richard Rohr）引用人類學家安琪莉絲‧艾琳恩（Angeles Arrien）的話，寫道：「每晚我們釋放自己，進入睡眠狀態以及神祕的夢境之地時，就是練習放下，相信我們會回來[4]。」要睡著就必須有信任感，反之威脅感絕對會讓我

們醒著。我們也必須相信自己能不再思考和做事，並且在臨在的狀態下休息。

　　研究顯示，正念接受更能避免因打斷睡眠而產生的挫折[5]。接受的一部分是擁抱不確定性，相信如果我們為心智和身體提供合適的條件，睡眠終將到來。一旦帶著正念上床，我就會睡得更好；當我接受無論每晚發生了什麼，我都能放下趕跑一夜好眠的要求與期待。

　　我們將「初心」帶入睡眠，便很容易接受睡眠的不確定性，彷彿是第一次睡覺（正如第五章提到的葡萄乾練習）。與其認為我們很清楚這一晚將如何，我們也可以對每一晚敞開心胸：有些晚上我們睡得不好，有些晚上我們很容易入睡、睡得很熟。

思考：獻上心智

　　珍寧在治療初期唉聲嘆氣地說，她希望腦子裡有個可以關掉的開關，對於會發生或可能發生的問題等惱人思緒，白天就很難放下了；到了晚上，沒有任何干擾可以打斷她的恐懼，要阻止那些令人難受的擔憂打轉，更是難上加難。

　　她腦海裡來來去去的困難思緒往往是睡眠本身，心智會告訴她那一晚將會多麼糟糕，而第二天她又會多麼悲慘。「現在我最多只能睡四小時！」她這麼想著：「明天我就毀了。」

　　如果她試著與這些可怕的想法爭辯，或停止不想，它們會更大聲。治療過程中，她學會從這些想法中抽離，將它們看做

是腦子裡的喋喋不休，而非事實。漸漸地，她可以從一段距離之外觀察這些執念，而不會迷失在其中。「或許它們是真的，也或許不是。」她這麼告訴自己。例如，她明白即便睡得很糟的那晚令人沮喪，隔天也不會是她害怕成真的那場災難。

> 質疑心智在夜晚告訴你的事。一開始先留意你產生的
> 想法可能不是真的，再看看是否其他選項更更正確。
> 不要逼自己相信其他選項，而是把注意力從心智的碎
> 念中移除。

我的失眠狀況有所改善後，時常有個想法在我凌晨醒來時侵入腦海：「如果我接下來都睡不著怎麼辦？」與其和那可能性糾纏不休，對它敞開心胸更有好處：「或許我會醒著，那我就必須面對它。」接受未知更容易睡著，因為我們沒有試著逼迫自己進入無意識狀態。

行動：調整睡眠環境

行為原則有助於我們將行動與身體的兩個主要睡眠動力合一：生理時鐘與對睡眠的渴望。

與睡眠有關的生理時鐘，比方說遵循約24小時週期的荷爾蒙釋放與溫度調節，稱為晝夜節律。向身體發出睡眠訊息的褪黑激素，在日落後急遽上升，在早晨到來時下降；我們在身體與睡眠相關的週期階段中睡得最好。

另一個關鍵因素是對睡眠的渴望，它就像食欲，我們愈沒睡覺，就愈渴望睡覺。如果能培養對睡眠的好胃口，進而享用完整而心滿意足的「睡眠大餐」，我們就有可能睡得更熟。當你對睡眠的渴望與你的晝夜節律一致，也就是當你保持醒著夠久、準備睡覺時正逢生理時鐘說該睡了的時機，也是睡得最香甜的時候。

安排就寢時間

讓兩種睡眠動力一致的最重要原則，是按照身體睡眠的時間表上床。一致的時間表有助於建立穩定的晝夜節律，如此你的上床時間才能與睡眠的生理過程同步，待在床上的時間長短也必須是對的。

我在失眠之前，和大部分人一樣會壓縮自己的睡眠時間，然後在白天依賴咖啡因克服疲倦。由於我每晚通常會睡六個半到七小時，因此現在我一般會在床上待七小時，從晚上十點到早上五點。

待在床上的時間太長，和時間太短一樣無助於睡眠。如果我們在床上的時間比睡覺時間還長，會有更多令人沮喪的清醒時間，因為這把床變成焦慮的地方而不是休息之處。找出待在床上最恰當的時間，確保在這段時間內你能得到充分的休息，而且在床上的多數時間都是在睡覺。

生理與臥房狀態

好的睡眠其實要從我們白天的活動開始。我們可以在白天運動，研究顯示有氧運動[6]和舉重[7]都能促進夜晚的睡眠。有些人發現傍晚運動有礙睡眠，但有些研究認為接近睡覺時間的健身有助眠效果[8]。因此，最好的方式就是留意自己的身體告訴我們什麼。

避免用酒精助眠，因為酒精會影響睡眠品質，讓我們更常醒來。上床前吃大餐以及喝含咖啡因的飲料，也會破壞休息的品質。對某些人來說，即便是早晨一杯咖啡或茶，都會影響晚上的睡眠。

讓臥房空間處於黑暗、安靜和涼爽的狀態，在床上放置舒適的床墊和枕頭、選擇材質舒服的床單和被子——這些都有助於睡眠[9]。最好在臥室只做和睡覺有關的活動，把工作和3C產品都放在其他房間，如此一來我們的腦子就會把臥房和睡覺劃上等號。

放鬆

以前我會在睡前檢查工作的電子信箱，這些郵件往往會使我滿腦子都是焦慮的念頭。政治新聞、情節刺激的電影或令人興奮的書籍，會使我們想放鬆的心智更加緊繃。如果夜晚的活動能配合準備睡覺的生理狀況，我們會睡得更安穩，畢竟睡眠活動早在我們把頭放在枕頭上之前，就開始進行了。低強度的活動有助於我們把腦波轉向較不吵雜、與入睡一致的模式。

　　晚上的放鬆儀式，是我改善失眠狀況的關鍵。睡前一小時，我會刻意做些平靜的活動，例如沖澡或泡澡、讀喜歡的書、做幾分鐘睡前瑜珈，這些活動讓我的大腦和身體做好睡眠準備，順暢地從做事狀態進入什麼也不做的狀態。

　　回想你如何度過睡前半小時到一小時。你的睡前活動
　　是否讓你更緊張，或能幫助你入睡？

　　放鬆儀式固然有用，但要在上床前一小時釋放一天之中累積的所有壓力並不容易。我的壓力通常從一早就開始累積，包括疾病對我的身體造成的傷害，以及總是擔心一天將如何度過。因此無論晚上我做了多少瑜珈或呼吸練習，上床時我經常還處於過度亢奮的狀態。正如珊卓拉・道爾頓－史密斯（Saundra Dalton-Smith）在《神聖的休息》（Sacred Rest）中寫道：「品質好的睡眠來自於白天一點一滴的好好休息[10]。」一旦能夠認清在心智與身體中沒有釋放的壓力（見第八章），我們就能練習釋放白天的緊張，讓自己在夜晚更容易入眠。

　　珍寧和多數來找我治療失眠的人一樣，藉由簡單的思考－行動－臨在找到放鬆之道，沒多久就能更快入睡，也睡得更安穩。最後待在床上的時間減少，但能睡得更久；睡不著的時間變少，讓床真正成為休息的地方，而不是令人沮喪之處。珍寧的睡眠狀況改善之後，一切都有所改變，她不僅沒那麼疲憊，也更樂觀；她的焦慮感降低，也發現自己更有幽默感。

　　多年來，我對睡眠只有一個面向的觀點，也就是睡得好或睡不好，而我看待睡眠的唯一重點，是試著讓睡眠品質更好。然而我花了很久的時間才明白，睡眠不僅是心智和身體休息的方式，也是清除與更新心智的例行公事，更是在清醒時刻活在當下的基礎。將我們的身、心、靈準備好，就能發現夜晚深入潛意識時，最美好、最神祕的層面。透過正念覺察，睡眠成為深刻的靈性練習[11]。

神聖的睡眠

　　《宗教經驗之多樣面貌：人性的探究》（*The Varieties of Religious Experience: A Study in Human Nature*）的作者威廉‧詹姆斯（William James）引述神祕主義者蓋恩夫人（Madame Guyon）的睡眠經驗[12]：「我的睡眠有時斷斷續續，處在半夢半醒的狀態；我幾乎無法知道其他事，但我的靈魂似乎清醒到足以知道上帝。」對蓋恩夫人而言，睡眠似乎打開了通往神性的大門。

　　睡眠在許多靈性傳統占有重要的地位。希伯來經典中有許多神性啟發夢境的例子，例如約瑟根據法老的夢境，預言將有七年豐收與七年飢荒[13]；早期基督教文獻也提到在睡夢中能收到神的話語，例如東方三賢士在將禮物獻給耶穌後，接到別回去找希律王的警告[14]；〈詩篇〉中將睡眠描述為來自上帝的禮物：「你們清晨早起，夜晚安歇，吃勞碌得來的飯，本是枉然；惟有耶和華所親愛的，必叫他安然睡覺[15]。」

印度教也強調睡眠。斯瓦米・克里希納南達（Swami Kr-ishnananda）寫道：「深層睡眠的快樂，大於其他一切源自感官接觸的快樂或愉悅形式[16]。」對睡眠的類似觀點，同樣出現在伊斯蘭神祕主義學說蘇非派的作品中[17]。佛陀連結了睡眠與開悟，他說「開悟的人……總是睡得很開心[18]。」其他佛教典籍也教導人們，某些夢可能有預言性[19]。

猶太教神祕傳統描述靈魂在睡覺時離開身體，接受「人醒著時……無法發生的啟示[20]。」許多人都曾有過啟示性的睡眠：白天某個無法解決的問題，從睡夢中醒來時卻有了答案。例如我在群星中發現完美的愛的死亡之夢，揭開了某種現實本質的真相。發覺睡覺時的自己或許知道清醒時的自己所不知道的事，著實令人費解。在夜晚，睡眠給我們機會進入靈性意識的領域，藉由滋養睡眠，我們與自己最深層的部分建立連結。這樣的連結不僅能幫助我們體驗所有睡眠帶來的禮物，也能使我們醒著的生活更豐富。

武術家每次跨越練習空間的門檻時都要鞠躬，我們也可以進行一個代表睡眠時間開始的儀式，例如上床前深呼吸三次，放下不屬於睡眠的一切事物。早晨重返清醒世界時，花一分鐘將意識在身體裡扎根，從這個專注臨在的位置，開始你的一天。

安穩的睡眠為我們一天的活動奠定了基礎，定期運動則是

照顧身體的第二種方法。

動是天性

查爾斯來診所找我，多年壓力與長時間工作使他疲憊不堪且憂鬱。我們一起做的行為活化計畫，包括重啟他喜愛卻因工作而放棄的跑步。在最後一次看診的幾個月後，查爾斯發信告訴我他依然很好，他很周到地讓我知道我提供的幫助，不過他說他覺得最大的療癒來自跑步。好幾個病人都告訴我，他們覺得最好的治療是身體活動，例如跑步、游泳或騎腳踏車。

運動是很有效的抗憂鬱解方[21]，但它帶給查爾斯的不只是症狀緩解。查爾斯覺得跑步這件事能真實體現作為一個渴望運動的肉體存在，不只與身體連結，同時與頭、腳和心臟等整體存在連結，他感覺又像是自己了。

查爾斯在運動中發現了孩童般的喜悅。孩子喜歡動，但到了某個歲數，肢體活動不再是我們原始的喜悅，反而變成受制約的強制行為——我懷疑自己在七年級體育課被要求跑步時，把一部分對跑步的愛好留在跑道上了；專心看時鐘跑完毫無樂趣的四圈操場時，我的身體不過是一個達到目標的工具。

動是人的天性，我們的祖先不會避免身體的活動，他們必須依賴打獵和採集食物才能生存。而現代人大多數醒著的時間都坐著不動，我們或許沒意識到自己活得多麼靜態。生病前，我以為在早上短暫健身、騎腳踏車通勤，這樣的生活方式就算

有活動，卻忽略了我花10小時坐辦公室、在家裡也是坐著。久坐成為我根深蒂固的習慣，我甚至不想站起來倒水或走去書架找書。

我沒有使用身體，因此身體愈來愈衰弱僵硬，動起來的感覺不太好，也更容易受傷。我的臀部長期緊繃，所以走路會不舒服，而且不管坐多久，站起來時背會卡卡的。這些疼痛進一步降低了我運動的動力，導致久坐不動的不良生活方式。

生病初期，由於覺得疲勞，我放棄了早晨的運動，漸漸我也不再騎腳踏車和舉重。不運動使我愈來愈憂鬱，對身體感到沮喪。說真的，我很羨慕查爾斯能跑步。大家都知道運動對身體的好處，它能減低焦慮[22]、緩解憂鬱症[23]；肢體活動對於其他的健康行為也有幫助，例如胃口更好[24]也睡得更好[25]。然而我們還是很不想動。

如何重拾每天活動身體的喜悅？思考－行動－臨在的原則能有所助益。我們從**臨在**開始，讓自己與當下的身體連結，這連結使我們更容易關照心智與靈性的殿堂。

臨在：與活動中的身體連結

過去我的健身很像鞭打著馬兒在跑道上前進，身體是為了服務我，但沒有合作的感覺，然而運動是自主療程的一部分，它必須基於我和身體密切的合夥關係。

與身體建立和諧的關係，有助於我明白它的需要。如果現在不是做高強度間歇訓練或騎飛輪的時機，我就做瑜珈和走

路，外加一點重量訓練。如果前一晚睡得特別不好，我會根據身體的活力降低健身的強度，而不是要求我的身體表現得和充分休息後一樣。

在這段期間，我在正念運動中找到了喜悅，尤其是瑜珈。我從來不知道感受身體的動與呼吸是多麼美好，從不自覺的呼吸到手掌開合的靈敏動作（你現在就可試試），任何與動作中的身體有意識的連結，都十分令人驚訝。看著其他人的動作也很喜悅：療程中病人在講話時的手部動作，好多次讓我看得著迷——人類的動作生來帶有詩意。

在正念臨在與覺察的基礎上，我們就能關照那些會干擾運動的思緒。

思考：去除心智的障礙

運動的障礙往往來自心智。隔一段時間不運動，我才發現心智犯下許多典型的思考錯誤。最大的錯誤是「我晚點再做」。我很清楚如果我早上沒運動，那麼99％的機率當天稍晚我也不會運動。如果匆匆忙忙趕著上班，我則會騙自己晚點有時間我就會去做。

用「應該運動」來說服自己同樣不怎麼有效。「應該」這兩個字會降低動機，因為它引發的是拒絕。如果有任何人，包括我們自己，告訴我們應該做某件事，心中很容易產生反感，覺得那是繁重的義務。比較有用的是專注在我們**為何想要**動起來[26]，比方說活動時可能帶來的喜悅。

　　我時常用情感的理由說服自己。不想動的時候，我很容易認為自己不應該動，但我們的情緒往往跟隨著行動，因此一旦動起來，動機也隨之而來。感性的理由通常混雜著假設，在運動時我告訴自己將會很不舒服，這個預測通常來自我運動剛開始的感受，例如我認為自己在游泳池裡會一直覺得很冷。事實上，起初的一陣哆嗦，很快會轉變為在水中滑行的喜悅。

　　此外，我們要留心非黑即白的思考，例如若我們不能把運動從頭到尾做完，就有可能乾脆不運動。然而有做總比沒做好，就運動來說尤其如此。

　　如果覺得很不想動，檢查心智的說法是否成為你的阻礙。你的想法是否降低運動的動機？把沒有幫助的想法換成較為實際的想法，拒絕那些非黑即白的想法，提醒自己任何運動都有益處。

　　挑戰無用的想法，就是排除行動的障礙。

行動：讓運動有趣又容易

　　我在1999年夏天做過這輩子最棒的運動——在緬因州夏令營工作時跳了兩小時的土風舞。因為實在太好玩，我甚至沒注意到它跳起來多麼吃力。不過有些運動往往讓我們有相反的感受，我們只覺得痛苦，一點都不快樂，由於覺得運動是種懲罰，因此我們很難保持運動習慣。

另一方面來說，我們可能認為跳舞屬於愉快的活動，但運動不是。在建立動起來的生活方式時，我們可以問自己，什麼樣的運動會讓我們笑逐顏開、更有活力。當運動不是懲罰，它才會對你有益，也較有可能成為習慣。

找一些相對能得到立即回饋的活動，而不是保證能使你「更長壽」或「強健心臟」的活動。超出我們想像範圍以外的回饋，鼓舞的力量就小得多。立即的回饋可能包括與其他人一起運動，或做適合你身體的活動。我很不喜歡跑步，但幾乎不用花時間說服自己去騎腳踏車。

最好能在例行運動中做到漸進式改變，而不一定要許願30天挑戰，或在短期內達到戲劇性的逆轉，這些方法往往不持久。一旦錯過一天，我們很容易陷入「管它的」效應，放棄整個運動計畫。與其計劃一週運動七天，我們可以把目標設在一週兩次，這種方法對身體比較好，也能讓身體適應新的規律，避免受傷。

循序漸進的運動計畫，包括把運動時間分成好幾個步驟，一次專心完成一個步驟。如果我們要在早上跑步，或許前一晚就把鞋子和短褲準備好，如此一來我們不會在找東西時用光了早晨的動力。除了降低活動身體必須付出的代價，我們也可以藉由增加責任感，提高放棄健身的成本。例如找一個等著我一起跑步的伙伴，藉此讓自己做出承諾，出門去跑步。

再次愛上運動

　　無論是伸展或散步，深蹲或舉重，總之讓你的身體盡情活動。當你愛上肢體活動，不動不行，而不是千方百計想逃避運動，你更容易動起來。

　　在一天之中找個輕鬆的非運動方式使用身體，例如更頻繁站起來倒水喝。將運動重新定義為例行公事，不是因為它有益身心健康、防止癡呆、讓心情變好以及改善睡眠品質，單純為了活動身體的喜悅而動，讓身體做它原本就該做的事。

　　如果覺得很不想運動，先回到與身體的連結。首先要關照這層最重要的關係，將意識扎根於身體，任何動作都如同動態冥想，如此我們能對組成身體的這些奇妙物質心存感激，甚至是敬畏，每個動作都成為一種讚美。

　　舒服地盤坐，把雙手放在膝上。吸氣時，手臂向兩側伸展，掌心向下。密切注意移動時的感覺。吐氣，在胸前合掌。吸氣，再次伸展手臂，然後吐氣，把雙手放回膝頭。再做兩次，繼續調整身體和呼吸[27]。

　　活動與飲食密切相關，我們吃的食物會化作行動所需的能量。藉由飲食，我們每天都能有許多機會愛我們的身體。

為了生而吃

在擔任全職心理師時，我很少好好吃午餐。我很討厭吃飯要花時間，彷彿午餐打斷了我**應該**做的事。在多數的日子裡，我會坐在書桌前，邊吃飯邊寫筆記或看電子郵件，如果在診間的空檔特別短，我就必須選擇要吃點心或蹲廁所……而我更常是在去廁所前抓一把堅果丟進嘴裡，這麼做不但不尊重自己，也很讓人反胃。當時我吃東西只講求實際功用，毫不在乎進食經驗。

大多時候，我們把進食當作一次性的活動，很少思考我們放了什麼到嘴裡，許多人也因為吃得太多或吃下不健康的食物而苦惱。我們可能不滿意自己的飲食習慣，卻苦於無法做出持久的改變。

我們如何以食物滋養身心靈？只要在當下專注於每一餐，進食就會是充滿喜悅且讚頌生命的事。

臨在：進食的連結

萵苣通常不會讓我心情激動，但是多年前某次晚宴，一片萵苣葉竟讓我熱淚盈眶。我吃過無數沙拉，但都沒有女主人剛從菜園裡採來的嫩萵苣葉好吃。她在晚餐前採給我試吃，我覺得那嘗起來正是生命的味道。

食物不一定要是現採的，我們才能與它連結；食物能使我們活下去，因此任何一餐都可以是慶祝我們存在的盛宴。重新

連結身體和經驗並不難。我們可以在吃飯之前做一、兩次深呼吸，提醒自己我們正要餵養身體。

> 坐下來吃飯時，先做三次平靜的深呼吸。第一次呼吸時，把心智帶回身體，思考你注意到的感覺。第二次呼吸時，開啟對周遭事物的覺察，包括與你一起進食的人。第三次呼吸，看著你要吃的食物，留意食物的色澤、質地和香氣。

坐在餐桌前而不是書桌前吃飯，放下其他活動，如果可以就與他人一起吃，這樣更能專注於當下。共享食物能讓我們與其他人連結，畢竟「同伴」的英文字來自拉丁文中「一起」和「麵包」的字根──掰開麵包一起分享，強調了我們共同的人性。專注當下和放鬆，也讓我們更能好好消化食物，這就是為何副交感神經系統稱做「休息與消化」系統。

正念臨在能使我們更深刻體會，食物的選擇如何影響我們的感受。幾年前，我吃了一個有史以來最美味的義大利三明治，但在開始工作約一小時後，我覺得自己好像被下藥了似的，眼皮非常沉重。許多次在吃了超大貝果或一大盤義大利麵後，我就有類似的感覺，但那是第一次我將這種感覺歸因於精緻碳水化合物。看見某些碳水化合物與餐後嗜睡的關聯性並不難，但我直到三十好幾才發覺這件事。

同樣地，心理健康領域近期才意識到，營養是健康的關鍵

因素，我也直到幾年前才開始詢問病人的飲食狀況。我原以為它和我們在處理的問題沒有太大關係，然而愈來愈多研究顯示，心理和情緒狀態與我們所吃的食物息息相關[28]。

飲食種類非常多元，對於人體需要什麼飲食，我們卻沒有明確的共識。不過多數飲食方案都認同，最營養的選擇是原型食物，例如蔬菜、水果、堅果、豆子和魚類，而精緻食物如糖和白麵粉，不能完整提供我們身體所需的營養。

健康危機促使我改善飲食，是我治療過程中重要的一環。我發覺我與食物的關係充滿著焦慮，而且當我試著滿足得到食物的渴望時，我總是吃太多。我的改善方式，就是我對病人的建議：**聆聽身體的聲音**，進一步覺察食物和飲品對自己造成的影響。

思考：關注你的食物

心智時常要我們去吃不該吃的食物，但它也可以是改善飲食的盟友。吉姆在治療時發現，犒賞的想法驅使他去吃宵夜。「你整天都表現得很好。」心智會這樣告訴他：「你值得獎勵！」當吉姆認出這些想法時，他明白這來自吃垃圾食物的渴望。而他發現這麼回應自己很有幫助：「我值得在吃完一餐之後，讓身體覺得舒暢。」

我們也可以拒絕那些叫我們吃下超過身體需要的想法。許多人都相信，吃得夠就表示要**吃得很飽**，但這種心態往往讓我在吃完後飽得很不舒服。比較有用的方法是自問：「我還餓

嗎[29]？」只要簡單地重新建構想法，就能聆聽身體的需要，避免讓自己飽得不舒服。

行動：與自己合作

行為原則能讓我們吃得更好。幾年前，我固定在睡前吃一到兩碗早餐穀片，那使我消化不良，也妨礙睡眠，因此我決定戒掉吃宵夜的習慣。我發現一個很簡單的方法，也就是晚餐後立刻使用牙線和刷牙。由於不想重複清潔牙齒，所以吃宵夜這件事也就自然而然被排除掉了。

這小小的習慣建立於很重要的**行動**原則：**讓你更難去做你不該做的事**。反之，準備健康的食物，也能減少攝取零食。我們可以設法把想吃的食物變得更美味，例如35歲之前我幾乎受不了球芽甘藍，後來我將它和大蒜一起放在烤箱[30]，飲食人生從此不同。

和運動一樣，我們總想對飲食做出澈底而決絕的改變，然而一旦打破強加於自己身上的規則，就很容易從全有變成全無──不准自己吃一碗冰淇淋，到頭來很可能吃了一整桶。飲食上的極端改變也會讓我們更渴望吃不該吃的食物，就像之前提到那位不能跑步的朋友，我們不可能享受「因為不能做A而改做B」這樣的活動。

如果想改善飲食，最好採用漸進的方式。把一週的某一餐變得健康些，或許在週三的午餐裡加些蔬菜，從逐步的改變中感受到回饋，較不會因為不能吃愛吃的食物而大受打擊。

練習關注你的身體，讓你的下一頓午餐吃得比平常更健康。想像你替愛人準備午餐，花點心思加一張桌巾，或用銀製餐具。不要匆忙，安排足夠的時間吃午餐，細細品嘗由關心你的人準備的餐點[31]。

與身體建立正念關係後，我們能以不同的方式進食，就好像在餵我們所愛的孩子。我們明白這麼做不只填飽肚子，也替塑造自我的思想與行動提供能量。來自內的連結引導我們的思考和行動，朝向能與我們的行為和意圖一致的實踐邁進，讓我們選擇的食物能真正滿足身心靈。

全然擁抱

與身體連結就像來到一位老友的家裡。身體進行有意識的呼吸，邀請我們回到不斷流動的正念覺察之中。這簡單的連結能引領我們通往比想像中更深的境界，在當下結合心靈與身體，敞開靈性連結之門。

與身體建立關係，我們更容易愛自己的身體──不只是照顧它，而是擁抱它的現狀。用這種方式愛你的身體或許很陌生，或許你從來都不喜歡你的身體，或者你很難接受老化產生的生理變化。我們的身體或毛髮，當然和17歲時不一樣。

也許身體的限制讓你感到挫折，就像我在生病時那樣，但在困境時，身體比以往更需要我們的照顧。我們不能強迫自己

愛我們的身體，畢竟無論哪段關係，彼此花費時間與灌注精神才能產生愛。接受我們擁有的這副身體，與身體互動，是每日的正念鍛鍊。

花幾分鐘感受身體，即使你健康受損，身體的能量與活力還是在身上流動。留意身體每天替你做的事，從一次又一次的呼吸開始。也想想它曾經歷或現在正承受的困難與痛苦。

之前我不明白身體是多麼親愛的朋友，但它給了我一切。它就像是煙霧警報器，即便半夜響起警鐘，也是為了我好。身體和我一起經歷這一切，我感謝它喚醒了我。

直到現在我仍持續面對許多未知的健康狀況。在寫作的當下，多數日子我還是得面對來自健康的挑戰，不過在我承諾要愛這副身體時，我的健康已經獲得大幅改善。我慢慢重拾活力，能在全家一起出去散步時跟上太太和孩子的腳步；我的睡眠品質好轉；我找回了幽默感。由於身體狀況逐漸恢復，我發現未曾有過對身體的感恩，那是當我在還有頭髮、腹肌以及無窮活力時都沒有的心態。

當我們好好照顧身體時，它會召喚我們進入一段新的關係，並且回報我們的愛。關照身體的需要，也有助於我們面對所關心的一切事物時，發揮最佳狀態，包括我們的人際關係。

關愛他人

　　擁有穩固健康的人際關係，是在你的世界中能悠遊自在的關鍵。正念覺察不只增進你與自己的連結，也能增進你與他人的連結；本章你將學習，如何改變干擾連結的慣常思考方式，以及能加強人際關係的每日行動；你也會發現即便在關係緊繃時，依舊能與自己和諧共處。

✦　✦　✦

　　蒂娜看見父親抱著剛出生的姪女時，她很驚訝自己是多麼心煩意亂。我治療蒂娜數週，主要在處理困擾了她近18年的焦慮感。我問，「看見妳爸爸抱著小寶寶，為什麼讓妳很難受？」她回答，「因為我知道他從來沒有那樣抱著我。」話語中透露的悲傷令我震驚。她的童年回憶中沒有父愛，看見爸爸對其他孩子表現出自己渴望的愛意，這痛苦的感受開啟了她心中的一扇門——她從不知道這扇門的存在。門的另一邊是失落的空洞

感，可想而知她退回了門內，那深深的悲傷彷彿將她吞噬。

　　即便還是一名新手心理治療師，我也知道我的責任是陪伴蒂娜進入那黑暗痛苦的地方，和她一起跨入那扇緊閉門扉。蒂娜面對那深深的失落感，感受她一直以來承受卻未承認的悲傷。在接下來的討論中，她發現自己大部分的焦慮都來自一個核心信念，那就是她不被愛。這個領悟使蒂娜開始質疑，被拋棄的恐懼是否造成了她的焦慮，也傷害了她的人際關係。

　　人際關係的品質是決定心智與情緒健康狀況的最重要因素，無論是好是壞，對於我曾治療的患者來說，人際關係一直是關鍵議題。有些人特別前來處理婚姻關係或職場人際關係，還有人依舊在療癒受創的童年或離婚的痛苦。而人們往往要到焦慮或憂鬱症阻礙了人際關係，例如造成與伴侶的衝突時，才會前來尋求治療。

雙面刃

　　身為心理治療師，我曾聽聞人們對彼此能做出多糟的事。我治療過一個男人，母親在他兩歲時，因爆怒打斷了他的雙臂；我也曾治療一些人，他們和伴侶在一起時比獨處還寂寞；我見過一些和我一樣與健康問題奮戰的患者，他們得到的不是所愛至親的理解，而是憤怒。我也治療過像蒂娜這樣的人，父母在童年時期的缺席使他們受傷，畢竟我們每個人都是由親密關係塑造而成。

我也見過人們給予彼此最好的情感支柱。許多我治療的人曾有自殺的念頭，他們說親密關係讓自己活了下來。我也是一次又一次透過和太太之間的連結而起死回生。在我看不見自己能帶給家人什麼好處時，瑪西雅提醒我，我正盡我所能地工作和照顧小孩，孩子也能從我身上感受到愛。在我覺得自己是個失敗者時，她向我保證我不是。她跟我說的很多事情我都不相信，但我知道**她相信**，那就夠了。

我無法想像，如果每晚獨自一人帶著恐懼、悲傷與困惑入睡會如何，顯而易見的是我會陷入更深的憂鬱，然後迷失在谷底。在那段時間裡，我無須運用太多想像力，就能理解當時沒比我大幾歲的祖父，如何奪走自己的生命。缺少了重要他人給予的鼓舞，絕望很容易就能把我們拉入深淵。而只要對迷失的人抱持希望，就能救他們一命。

同樣一份關係，既能夠給予極大的安慰，也能帶來深刻的痛苦。情感關係不免複雜，兩個人帶著各自的傷痛、偏見與防備，設法找到彼此的連結與理解。我們如何在關係中找到和諧與親密感？通往最佳人際關係之路，就建立在我們學到關於思考－行動－臨在的所有知識基礎上。穩固的親密關係既簡單又顯而易見：與他人一起經歷當下。

臨在：共享當下

全然活在當下，就像陽光之於土壤，是親密關係的基礎。

敞開心胸擁抱當下所建立的連結，比任何話語或特定的行動更有效，更能豐富我們稍後將談到的**思考**與**行動**。只需專心一致，就能向對方傳達出我們完全專注於當下的態度。

給予關注

我每天都會看到孩子很多次，但最近我感受到自己真正**看見了**他們。我注意到他們眼睛顏色的變化、他們走路時的特徵，以及讓他們成為獨特個體的特質。那一刻對他們的溫暖與愛意，觸動了我。

我們都知道和某人共處一室，以及真正與他們相處，這兩者之間的差別。真正專注於當下，會有一種不言而喻的共識，知道我們一起在這裡、我們看見彼此。刻意踏入臨在的經驗時，一定能獲得更深的連結。

對孩子全神貫注，我們就能迎來與他們的連結，即便只有一時半刻。我們把心思完全放在朋友身上，超越平日所見——我們看著他們，然後以初次看見的心態再看一次。當花時間覺察時，我們甚至能在初次遇見的人身上找到連結。例如我在超市櫃檯結帳時，向前面的人詢問買那麼多番茄的原因，那時發現了與他的連結；突然間我們跳脫了對方是「陌生人」的幻象，進入了彼此的世界。

我們無須多做什麼或刻意做某些「靈性」的行為，就能找到與他人的深刻連結。當我們的注意力放在當下時，靈性就會藉由日常的話語和行動出現；我們專注在當下的身體與心智，

就能超越身體與心智；我們全然身處在此時此地，就能超越此時此地、超越時間與空間，找到連結。

練習接受

當下全然專注在另一個人身上，也包括接受他們的現狀。當然，我們很容易接受某人身上我們喜歡的部分，較難接受他們讓我們不悅的部分。我可以接受孩子們開心地聽我的話，然而我很難接受孩子偶爾藐視我的行為。不只因為我喜歡他們順從，有時甚至覺得他們根本不該有難搞的時候。

接受他人的現狀說起來簡單，我們卻辦不到。我發現自己長久以來無法接受某位老闆很難相處，然而一部分的我深信，我可以說對的話或做對的事，好讓這人不再那麼難相處。

某天幾近束手無策的我自問：「他為何這麼難搞？」終於我恍然大悟：**因為他的個性就是難相處**。曾經與他共事的多位員工，都能證明這句話屬實。接受這一點令我鬆了口氣，我不再對抗現實，或試著找到回應老闆、把他變成講理的人的完美方式。

就關係而言，尤其重要的，是釐清我所謂「接受」的意思。在此我們指的是**承認一個人原本的樣子**。這並不代表我任由他們欺負，或讓有害的行為進入我們的生活。反之，接受老闆難以相處的事實，反而促使我尋找新的工作機會。真正的接受能引導我們做出適當的行動，脫離有害的關係。

你是否發現自己曾難以接受一段困難的人際關係？當你不認為對方應該改變或將會改變的前提下，接受某個實在很難相處的人，是什麼感覺？這樣的接受如何影響你與他人的互動？

無論我們與他人相處的經驗如何，「接受」才會帶來好的結果。接受他人免去了我們不必要的惱怒，我們再也不用為了試著強迫他們改變，而讓自己碰壁。自己能被他人真心接受也一樣意義深遠。對方認識我們的一切，包括缺點，並且接受我們原本的樣子。但我們往往只得到其一：他人接受我們但並不真正認識我們，例如職場認識的人；或者認識我們但並未真正接受我們，例如否定孩子的父母，或愛批評的伴侶。當對方既認識也接受我們，能讓我們拋開防衛心，更全然擁抱自己。

我們可以在時時刻刻的互動之中練習接受，關鍵在於對發生的每件事說「好」。這不代表我們同意每一個要求，或不明智地放鬆警戒。然而當我們扭曲現實，讓它屈服於我們的意志時，我們得提醒自己，與其盼望著離開一段不自在的對話，或逼迫某人從我們的觀點看事情，我們可以選擇開放的態度。

這種接受的形式需要放開我們對互動事物的執著，當我們把想要某事發生的幻想與真正發生的經歷相比時，會迫使心智進入評估的模式。如果我們執著於自己想要的結果，就無法完全融入關係中的付出與回報。

當我們期待他人順從我們提出的要求，就很難做到接受。

許多次我急著要其中一個孩子遵守規定，而不問他為什麼不想遵守——他們往往有好理由，例如小女兒費伊不想準時上床，因為她正在寫要送我的生日卡片，就快寫完了。對這些意料之外的變動保持開放的態度，就能減少人際關係中的摩擦。

當我們的自我對上他人的自我，接受就變得極為困難。好消息是我們有數不清的機會練習，接受他人不會總是同意我們，且有時我們會被人誤解。我們接受自己可能會遭到不公平的待遇，或他人會相信我們覺得毫無道理的事。

放下對親密、連結感，或一段有意義對話的執著時，我們甚至能接受人際關係中的不盡如意。帶著正念覺察，我們就能退後一步，觀察自己對一段緊張關係的反應，而不是讓衝突決定我們的想法與情緒。藉由接受，我們的內在與外在的衝突更少，因而能享有更好的人際關係。

簡單的正念連結是一個強而有力的開始，讓我們能處理共享當下時面對的許多障礙。正念思考與行動能提供更多力量，移除這些障礙，找到通往彼此的道路。

思考：檢視你的假設

我很感激能在結婚後不久就發現了認知行為治療——那是20年前我還在念研究所時。吸引我研究這個療法的動機之一，就是發覺我對瑪西雅的想法如何影響我們的關係。某個在我學會認知行為治療基礎後的晚上，我正準備解凍披薩當晚餐，我

和瑪西雅吵了起來（我已經忘記在吵什麼）。

　　吵到一半時，我發現我把對瑪西雅意圖的假設當成事實。我對她的看法和感受完全基於我的信念，而我的信念可能不是真的。那一刻我突然驚覺，我對她的想法和我眼裡看見的她完全不同。負面想法使我用最糟糕的眼光看待她：沒有愛、不理性、不公平；當我的想法正面時，她看起來就很大方、溫暖與和善。

　　我的思想濾鏡影響了我對瑪西雅的感覺，這些思想與感覺影響了我們互動的品質。正面思想帶來好感與和諧的互動，有助於連結與親密感；負面思想帶來壞的感覺與衝突，可能帶來憤怒與憎恨。

　　當我治療的患者在親密關係中掙扎時，我們會一起檢視他們的假設。某次我的14歲患者一口咬定，她那做家庭主婦的媽媽，五年來「整天什麼事也不做」。然而不難發現，其實媽媽的工作時間比任何一個家庭成員都長。還有一次，一個男人說伴侶會把東西亂丟在地上、讓他去收捨，事實上，伴侶根本沒發現自己在亂丟東西。

　　下次某個朋友或家人惹你心煩時，寫下你對他們的想法，然後逐一仔細檢視，它百分之百是對的嗎？它是否訴說事情的全貌？請注意這些想法如何影響你對所愛的人的感覺。最後，至少想出一種可以更準確描述當時情境的想法。

我們在關係中做的假設，往往是種**認知扭曲**或思想錯誤的形式。將情境**過度概括**的我們，可能認為伴侶「總是」吹毛求疵，或「從不」喜歡我們送的禮物，於是我們的行動與情感會以看待事情的錯誤方式為基礎，然而真相通常不是絕對的。

我們以**災難化**的眼光看待事情，認為一位朋友永遠不會原諒我們犯下的小錯誤——那些如果互換立場，我們很容易能忽視的錯誤。

我們以主觀假設某個車子開得很猛的司機是故意針對我們，即使他們可能只是在趕時間。

情緒合理化會使我們透過嫉妒與虛假信念的濾鏡解釋這個世界，認為我們的配偶不誠實。那天晚上我和瑪西雅一起解凍披薩時，我發現情緒被我對她的信念扭曲，而這些信念不一定是真的。

出於**錯誤的責任感**，我們認為孩子的快樂完全取決於我們。透過**思考**才能使我們注意並質疑這每一項錯誤的假設。

心智最常出現的錯誤，是把許多的「應該」強加在那些沒有按照我們期望做的人身上。

當心「應該」

他們應該對我好一點。

他們應該尊敬我。

他們應該承認我是對的。

幾年前在華盛頓特區的地鐵站，我發現自己對別人擺出
「應該」的態度。匆忙趕搭地鐵去上班或上課時，我對那些步
調從容的遊客感到不耐煩。我咬牙切齒地說，「他們應該別擋
路。」當我不用趕時間時，我會對那些匆忙經過我身邊的人擺
出「應該」的態度，認為他們應該平靜些，難道哪裡失火了
嗎？無論我當時處在那種狀態，那彷彿才是標準模式，世上其
他人都應該遵照我的設定。

在認知行為治療中，我們將「應該」視為思考的錯誤，因
為它與現實脫節。當我們說「應該」時，就是暗示我們有權掌
控宇宙法則，而某人違反了它。但是我怎能依照自己的喜好，
命令身邊的人該做什麼？唯一真實的是我的**渴望**：我**希望**遊客
走快一點，或站在電扶梯右側；我**希望**趕時間的通勤者別讓我
覺得自己擋路。唯有接受我的希望並非總是能實現，以及其實
沒有人打破規則，我才能釋放不必要的壓力。

「應該」的態度，對於讓其他人改變行為來說也不是那麼
有效。「應該」透露出的道德意味，會引起他人的防禦與反抗
心理，讓人們更不想服從。我們很容易會與「應該」爭論，例
如說「你應該去倒垃圾。」對方可能會說他們**不應該**把垃圾拿
出去。換成這麼說：「如果你去倒垃圾，我會很感謝。」如此
一來就沒什麼討論空間。對方可能還是會拒絕，但或許不會反
對他們這麼做對我們來說意義重大。

留意生活中哪些時候你對其他人抱持「應該」的態

度。你的「應該」如何影響你對他們的感受與行為？

是否有更好的方法重述「應該」的句子？

　　我們也可以質疑自己對於人際關係出現困難時的「應該」想法。最糟的爭吵，往往出現在我們認為「不應該發生」的那些事。事實上，人際關係有其難處，即便我們認為爭執一些瑣碎的事情很荒謬，但我們注定會感到失望與衝突。與其去爭論這些困難是否為真，我們可以把精神放在接受，無論是爭執哪種瑣事，只要發生時盡可能通情達理地解決。

質疑讀心術

　　某天晚上我在廚房窗戶邊向瑪西雅揮手，當時我把垃圾拿到人行道然後往回走。「她認為我一副可悲的樣子。」我以為我看起來就是我覺得的那樣。像我這樣的自動假設在關係中很常見，我們往往沒有意識到自己正在做出這些假設。心智很擅長隱藏它捏造的事實，尤其當某些事**感覺**那麼真實，就像我的例子。

　　然而，自主認知行為治療讓我習慣質疑我的假設，因此在這個情境，我抓住了心智的小辮子：「太太是否真的覺得我看起來很可悲？」我問她當她看到窗外的我時，是否覺得我很可悲，藉此測試信念的正確性。

　　瑪西雅的表情莫名其妙，「不，賽斯。」她說，「我根本沒這樣想。」我們永遠無法完全確定某人對我們說的是否為實

話，但我相信她。我對於她在想什麼的假設，跟她沒有任何關係，卻跟我如何看待自己大有關係。當我挑戰自己的信念，發現它有誤時，我就把自己從那不必要的評判重擔中解放出來。

當我們認為自己在讀其他人的心時，我們往往讀的是自己的心，然後投射到他人身上。即便我們永遠無法得知其他人心裡的念頭，我們卻能質疑自己自動出現關於他們在想什麼的負面想法。有時我們或許是對的──配偶確實偶爾會認為伴侶很可悲，但我們其實常常弄錯，反而受不必要的苦。

已數不清有多少次，我發現心智說著離間我和瑪西雅的謊言，例如「她不關心我」或「她認為我是笨蛋」。如果我不假設她的動機為何、她在想什麼，或者她「應該」要做什麼，我們關係裡的問題會少很多。我可以拋開心智混淆我的思緒，以及把我們的關係弄得混濁不堪的謊言。

思考－行動－臨在最完整的表現，不在於說服我們其他人都很善良，或他們對於我們的想法都是好的。正念能擴大認知治療的範圍，正如我們在先前所說，就連我們的負面假設成真，或人際關係不順利時，它都能給予我們平靜的心。

重拾快樂

我們不用過分誇大人際關係的重要性，但也不用把自己幸福與否的終極權力外包給他人──沒有人能為我們的快樂負責。我們無須讓橫衝直撞的司機毀了我們的早晨，何必承擔不屬於我們的事物？我們可以把其他人的問題留給他們自己。我

們無須讓其他人對我們抱持的錯誤信念，擾亂我們的平靜，他們心智的假設，不能改變我們對自己所知的真相。

當對方不同意我們時，我們不用把他們的信念看得太重。我們經歷的許多衝突都來自於未經檢視的信念，那就是我們無法接受人們相信的某些事，例如他們不同意我們的政治取向，或不同意某人導致爭執。然而平靜的心智無須取決於他人能否以我們的方式看待事情，我們能更有意識地認清，自己是否把快樂交付在別人手中，而我們可以選擇拿回快樂。

> 無論其他人做了什麼，你都要試著守護平靜的心智。
> 例如，在某人說了你不喜歡的話時，不要因此犧牲你
> 的快樂。如果有些想法是基於他人的行動或話語，告
> 訴你一定會出問題，請質疑這類自動浮現的想法。

錯誤思想不只改變了我們如何看待其他人，它們也會排除充滿愛與靈性的連結，關照我們的心智能使我們更接近真相，而關係中的愛的種子會依循真理生長。即便可能存在沒有摩擦的人際關係，認知技巧也不能解決所有細節。然而理解心智如何運作，尤其是衝突中的心智，就足以令人感到安慰。

當然，我們不只是用頭腦去愛人，也要用我們的行動。正念覺察與更有技巧的思考，可以引導加強與他人連結的行為。

行動：活出你的愛

與他人連結的關鍵並不複雜。我們帶著全然的自己與他人互動，專注地傾聽與回應。正念臨在將我們聯繫在一起。

處於當下並不難，但總是有許多阻礙。令我們分心的外在事物很容易移除，只要放下手機或書，直視對方。然而內在的分心還是有辦法轉移我們的注意力：「我晚餐要煮什麼？」「我必須回這封電子郵件。」「我生病了怎麼辦？」

正念溝通是行動的冥想。我們先設定一個專注於自己與他人互動的意圖，當注意力飄移到其他地方，我們會察覺，於是重新專注在互動中——如此循環（圖6）。

在所有互動中，我們當下既能專注於他人，也能專注於自己。例如我們可以把注意力放在伴侶說的話，注意他們的臉部表情與肢體語言。我們可以意識到自己對這場對話的情緒反

圖6

應，感到緊張、憤怒或放鬆？我們的身體反應如何？即便有想要緊閉心扉的衝動，我們也能設定目標，對正在發生的事持續採取開放的態度。

和諧的臨在

生病期間，我有幸拜訪許多優秀的醫師，其中與內分泌科醫師的諮詢是最令人驚訝的。醫師維奧萊塔・波皮（Violeta Popii）進入診間、坐下來並說，「說說你的故事。」她專注傾聽，邀請我在意願之內分享。即便後來的血液檢查與其他檢查中，都無法針對我的症狀做出任何臨床解釋，然而光是有人傾聽我就覺得好多了。

有人能真正聽你說話是個療癒的體驗。為了理解他人而聆聽與對話，需要我們全神貫注地投入。我們帶入心智，敞開心胸聆聽說話的人；我們帶入身體——這是我們溝通的基礎；我們也帶著敞開心胸的臨在態度。

在《調和：打造自身平衡，建立彼此連結》一書中，愛德華・布羅德金（Edward Brodkin）與愛許莉・帕拉斯拉（Ashley Pallathra）認為，達賴喇嘛是真正關注當下的化身：「在每一個社交互動中，與人相處時，他都給予人們全然的關注……與他對談是非常獨特的經驗，你會感受到自己完全被看見與聽見[1]。」全然專注於另一個人，隱含著一種強而有力的訊息，無論說了什麼話，我們傳遞的態度都是：**你很重要**。無論我們與對方的相處時間多少，臨在的品質才最重要；即便像達賴喇

嘛這麼忙的人,都能在每一次簡短的相遇中給出全部的自己。

　　心理治療的力量大多來自於有一段全心投入的時間,在不會被打斷也不會有分神事物的情境下調整自己。在成果最豐碩的治療時段中,我能真正感受到他人的體驗,例如我提過的蒂娜。患者用言語和超越言語的方式向我揭露他們的內心世界,而我從那密切連結中才能觸及的地方回應他們。我們在簡單的給予和接受中進入完全同步的狀態,簡直就像雙方都被施了法,而在任何人際關係中,都有可能達到同樣和諧的臨在。

　　我們很容易不再注意你很了解的人。下次當你和你在乎的人坐在一起時,好好看著他們。注意他們的眼睛、頭髮、舉動與說話的樣子。你不必預設得感受到任何特定的或深刻的事物,僅僅觀察對方即可[2]。

　　藉由正念臨在,能向對方傳達出我們不只人在,心也在。

人在,心也在

　　遺憾的是,當我診所歇業改為兼職臨床心理師,開始在家工作之後,我時常傳達出相反的訊息。剛結束辦公室生活的幾個月,如果不是和患者視訊,我大部分時間都在家裡的公共區域工作。如果家人問我問題,我會表示我沒空——通常不抬起頭,盡可能簡短的回答。我人在那裡但是沒空跟他們說話,沒多久我就發現自己只有人在,心智與情感都不在,周遭的人與

我失去連結的感受因此更強烈。

即使缺乏關注並不是針對個人，但當我們感受到疏離時，很容易覺得被人拒絕了。人在心不在，這是使用手機的主要陷阱；和其他人在一起時盯著手機，難免傳達出他們比不上手機裡的訊息重要。理智上他們或許知道我們不是刻意冷落，然而在潛意識中，被人忽視的感覺並不好。

理想上，我們人是否在場，與心思是否有空，這兩者應該是一致的。如果不接受打擾，我們應該將被打擾的可能性降到最低，例如關上工作場所的門。後來為了減少太太和小孩直接感受到我沒空的次數，我再也不在餐廳和客廳工作。人在現場時，就要努力對周遭的人敞開心胸。如果在不方便的時刻被打擾，例如煮晚飯，我們也要盡可能以展現同情心與連結的態度，表示自己沒空（我還在學習怎麼做）。

覺得某人真的有空是相當難得的，因此如果你願意在這方面付出，人們一定會注意到，而且會很感激。正如我們送給別人的禮物，注意力也是獻給自己的禮物。全然的臨在本質上是有益處的，當其他人因此獲益時，更是如此。

當你一心想著自己的問題時，看看是否有可能把注意力轉移到你關心的、需要你的愛或鼓勵的人身上。先做一次緩慢而穩定的呼吸，回到你的內心。然後問自己其他人需要什麼——打一通電話給對方、幫對方按摩一下腳底，或替他準備一鍋熱湯。最後，給他們你

能提供的事物，表示對他們的支持，這可能也會讓你感覺更好。即便並非如此，它也能提醒你，即便你的感受不太好，你還是能為他人服務[3]。

臨在不只是簡單的關心與連結。我們喜愛我們關注的對象，臨在就是去愛，而愛能最真實的表現出我們的本質。全然表達我們的關係，不只是心智的相遇或彼此虛在同一個空間，而是靈性的往來。

做真實的自己

真正的連結是內在的療癒，當我的病況到了谷底時，這一點對我而言非常重要。當醫生和醫護人員花時間關心我在意的事時，我不只覺得有人傾聽，還感到被愛。無論有沒有使用「愛」這個字，那就是我們想從他人身上尋找的，特別是當我們受傷時。我們不想要一板一眼的技術支持，我們想要相信其他人真正關心我們，我們的人生好轉時他們會感到開心。

我們不需要找到對的言語才能表達愛意，或者我們根本不需要言語。有些晚上我感到絕望時，瑪西雅會彈鋼琴，我躺在客廳地毯上聽著，感受到音樂透過地板傳出振動。這些帶有能量的音波超出我的耳朵或身體能感測到的：我在每個音符裡感受到愛，我流下被壓抑的悲傷與挫折的淚水。

即便處於身體與情緒的痛苦掙扎中，那些深刻連結的時刻讓人感覺無比真實，因為我們的本性就是分享愛與連結，我們

內在的靈性有一種固有的吸引力，這些靈性與他人有同樣的源頭，而且與他人的靈性共鳴。

當我們在其他人身上看見自己的影子時，個人的得失不再顯得那麼私密。我們可以看出，所有人或多或少都上演著同一齣戲。愛於是從連結中自然產生：不是渴望依附感的浪漫愛情，而是知道我們已經相互連結的靈性之愛。羅斯·蓋伊（Ross Gay）在著作《愉悅之書》（*Book of Delights*）中描述了愛與連結的基本觀點：「照顧他人是我們的天性。」他寫道：「說服我們去做或去相信相反的事，永遠是謊言。永遠如此[4]。」

這謊言顯然是由自我掌控，在他人與我們意見不同時，自我將我們與他人分離。與他人不和時，更難感受到我們共同的支持來源。你或許注意到自己對信念強硬堅持，以及捍衛理念為真的強烈衝動，但矛盾的是，在努力捍衛我們的真理時，往往也會讓我們離我們是誰更遙遠——即便我們所說的事實。正如賈里德·比亞斯（Jared Byas）在他精彩的著作《愛更重要》（*Love Matters More*）中說：「沒有愛的真理不是真理[5]。」

付出愛與接受愛時，我們是最完整的自己。蓋伊讓我們知道，持續的照顧中能看到這份愛，即便在陌生人之間也是如此：讓別的駕駛先走；在巴士上讓座，好讓父母和孩子坐在一起；甚至把腎捐給不認識的人。我們的愛能一次又一次擴及未曾謀面的人身上。

我們最崇高的使命，是加強能滋養靈魂的連結。沒什麼事比建立人際關係更能幫助我從憂鬱症中康復。兩年多以來，由

於疲勞和說不出話，我盡可能避免和人接觸。開始好轉時，我知道我需要定期與其他人建立關係，因此我會固定和朋友吃午餐，與父母講電話。我從來沒有如此感激這些人際關係，也發現自己以更開放的態度告訴其他人我的辛苦。我的病似乎剝去了我刀槍不入的偽裝，讓我以更真實的方式與人們連結。

與我們的靈性建立真正的連結，是一種習慣的養成。我們被提醒把愛放在最前面是多麼美好，我們享有的連結又是如何促使我們繼續滋養人際關係。和憤怒與恐懼一樣，愛能自我傳播——愛能帶來更多愛。愛與破壞性的情緒相反，愛能建設，而不是毀滅。

這也難怪我愛上了認知行為治療。說到底，它是一套能幫助我們朝著愛前進的技巧。一開始學習時我並不知道這一點，但我直覺這麼做是對的。接受認知行為治療訓練的最初幾年，我看見有效的治療能帶來更好的人際關係，並加強愛的聯繫。後來幾十年來，我一次又一次目睹給每一位患者注入力量的愛——對孩子們的愛，對伴侶的愛，對父母的愛。

從思考－行動－臨在的全然練習中，我持續讓自己在關係裡愈來愈好。這些工具有助於我們活在真理中，在愛中成長——進而藉由有意義的工作，表達我們的愛。

工作順心

被病痛與憂鬱症纏身時，我所到之處都看見待處理的事情：故障的門、損壞的籬笆、洗衣籃裡成堆的衣物和廚房裡破損的防水膠。每次經過一項未完成的任務前，我就告訴自己：「晚一點再做。」忽略責任的感覺並不好，我卻一直把事情延後。體力與動機的低落讓我很難著手進行，而缺乏日常活動又使我更憂鬱。

生命將一連串責任堆在我們面前：做好我們的工作、完成家務事、照顧所愛的人，以及其他義務。紀伯倫在《先知》中寫道：「工作時，你即是實現了大地最極致的夢境，在這夢境誕生時，它就已指派給你[1]。」以有意義的方式在這世界上採取行動，滿足了我們對**能力**的基本需求，也就是有效利用我們的技術，讓這世界有所不同[2]。擁有更充沛的經歷和熱情、更高的生命滿足感[3]，以及更少的沮喪感，才能滿足這份需要。

然而，我們不一定想做眼前等著我們的工作，我們可能會逃避家事或不願開始求職。當該做的事堆積如山時，拖延症本

身就是壓力來源。也或許我們正在做那些事，但仍感覺持續不斷的壓力。我們如何較不費力地把事情做到最好——尤其是那些我們一直延後的事情？

　　本章描述如何將思考－行動－臨在的方法用在需要完成的事項上。配合思考－行動－臨在，從時時刻刻傾聽我們需要做什麼的正念覺察開始，接著探究心智如何防礙你把事情做好，以及如何改變思考與信仰，讓你更容易處理事情。最後是有影響力的行為，提供你履行責任所需的力量。這些練習能讓你欣然接受你的工作，有助於了解立即處理工作所帶來的平靜。

臨在：抱持正念

　　我曾經治療過一位緊急救護技術員，他想藉由正念獲得工作中的平靜感。可想而知，每次輪班時接到有狀況的來電，然後想像事情會出錯時，葛瑞格就很難保持臨在的狀態，焦慮和壓力導致他對同事大發雷霆。起初葛瑞格擔心正念會干擾他的工作，彷彿正念是他必須記得去做的另一件事。但正如他發現的，正念覺察能使他更專注，讓他做得更好。

關注

　　與其想著哪裡會出錯，葛瑞格就只是關注他正在做的事。無論在照顧患者時有多少事情要做，他都能放下自己對失敗不著邊際的幻想，每次專心做一件事。「有時候我覺得自己好像

電影《駭客任務》的主角尼歐。」他對我提起電影結尾時，尼歐發現自己就是「救世主」的那一幕。「所有事情同時找上我，我要努力去處理，但我可以不費吹灰之力。」

如果以臨在的態度面對工作，就能改變我們與工作的關係。我們可以放下對成果的執著，沉浸在過程中。無論身邊的水流如何湍急洶湧，我們只專注在單一焦點。將全副精神放在手邊的工作，也使我們更清晰地看見需要做的事情。有時我們會發現，我們必須去做的事，不是原本計劃要做的事。例如到學校去接生病的孩子，不在當天的待辦事項清單中，它打亂了我們原本的行程。有了臨在的覺察，我們就能重新安排時間，而不是固執地堅守原本的計畫。

在工作中全神貫注，也能使我們更投入。當我們專注，像刷牙這樣的日常瑣事我們也能樂在其中。試試看下次你在做某件不怎麼享受的事情，例如倒垃圾或掃廁所，只要在做的當下留意正發生的事——你看到了什麼、聽到了什麼，你身體移動時的感覺，想像這是你第一次做這件事，你或許會發現它根本不像預期中那樣令人不快。

> 以充分的覺察去做某件事，例如穿衣服或擦餐桌。留意工作時雙手的感受、你的動作發出的聲音，和其他的感官經驗。當你發現心智渙散，迷失在思緒中時，溫柔地把注意力轉回到手邊的工作，不要批判你的心智出於天性所做的事[5]。

以開放的態度接納現實，也能讓我們知道什麼時候必須改變我們的工作。在生病的前兩年，我非常拚命地成天看診。正念覺察幫助我拿掉否認的眼罩，讓我看見我已不再有全職看診的體力與精神，最終我承認我必須改變。

覺察是創造改變的必要條件，但不是充分條件；即便我知道我無法做和之前一樣的工作，我還是持續很長一段時間拒絕改變。正念覺察必需搭配接受才能相輔相成。

接受

預期會發生艱難的改變或從事不愉快的工作時，我們往往會很緊繃，但是把不舒服的感覺當成敵人，會使我們無法去做重要與必須去做的事。幾年前我必須把一隻超過七公分的蟑螂從浴缸裡抓出來，我對這生物最初的反應是厭惡與百分之百的否定——這種事不該發生，牠也不該是我的問題。等到我接受「如果沒有我的幫助，這隻蟲子哪兒也去不了」的事實後，我才摸摸鼻子把牠關進罐子裡，拿去外面。

接受是關鍵態度，能使我們轉移任何可能妨礙工作的厭惡、乏味、恐懼或其他不舒服的感受。抱持正念接受，我們就能欣然擁抱改變的不確定性，例如成為全職照顧孩子的父母，或開始一份新工作。我後來終於接受為了自身健康，我必須減少看診時數。葛瑞格發現在接受的態度中，他更能配合工作上不可避免遇到意外。正念臨在幫助我們更有彈性，而不是執著想讓事情變成我們想要的樣子。

　　願意克服不舒服的感受，就有可能欣然交出自己，正如我走進緬因州冰冷的海水裡，敞開心胸接受那寒冷的感覺。與其對抗刺骨的感受，我只是注意到這個經驗，而不會把它貼上「好」或「不好」的標籤。在做避之唯恐不及的工作時，我也使用同樣的方式，像是把衣服放進洗衣機，並且接受我不喜歡做這件家事的感覺。當我們願意處在不舒服的狀態中，就幾乎沒有事情能阻礙我們。

　　正念覺察幫助我們清除許多工作的障礙，好讓我們可以把努力用在各種任務上。它也能使我們看見，有時心智對我們訴說的故事，會使我們很難把事情做好。

思考：調整心智的運作

　　「我就是不想讓孩子們覺得他們**必須**工作。」丹尼爾在八週療程期間這麼告訴我。他的目標是確保孩子擁有一切財務上的優勢。但並非巧合的是，我們一直把療程焦點放在他因為打造成功的網路廣告新創公司，隨之而來的工作壓力。

擁抱承諾

　　丹尼爾想讓孩子免除不得不受雇於人的重擔，然而他的目標有個奇妙的矛盾：他自己曾無所事事很長一段時間，當時他過得很痛苦。丹尼爾在30歲出頭退休，他的計畫是用任職時認購的股票，過著簡單的生活。然而在脫離勞動市場的六個月

後，他既焦躁又憂鬱。研究顯示，人在經歷僅僅八天假期後，就會出現報酬遞減的情況[6]。

然而，丹尼爾覺得工作是不愉快的負擔。許多人都相信，完全不工作是非常理想的生活。紀伯倫寫道：「一直以來都有人告訴你，工作是詛咒，勞動是不幸[7]。」或許在理智上我們知道工作能得到回報，然而我們也會想像不工作，每天想做什麼就做什麼，這樣該有多美好。

儘管如此幻想，擁有無限自由時間其實是嚴重的問題，正如我在許多患者身上看見的。如果這恰巧是丹尼爾希望能讓孩子過的生活，也就是不需要為了養活自己而工作，情況就更困難了。

我的患者阿里在大學畢業後，就處於上述這種狀況。父母供他免費吃住，也不期望他出去工作，但他並不覺得自由自在，反而不知道該怎麼辦，而且因焦慮感到無力。沒有付帳單的動機，他無法克服懶散和拖延，追求那些有意義的活動。

為了抵達高處，他必須先穿越充滿挑戰的山谷，例如改變睡眠時間和冒著失敗、危險造成的不舒適（圖7）。不活動的時間愈長，他就愈無聊煩躁；當他愈焦慮，他的自信心就愈低，於是他必須穿越的山谷也愈深。阿里的處境非常殘酷，他的短期福祉直接對他的長期報酬不利，某些逃避帶來的立即回報，掩蓋了申請研究所或找工作的潛在回報，最後他陷入某種困境——太懶散以至於無法安心，卻又安逸到不願改變。

對大部分人來說，太多可以度日的選擇其實沒有幫助，每

天都要決定今天要照顧家人、當志工,或者去工作──這並非好事。我們所做的約定,能減少選擇,並成為我們身分認同的一部分。例如成為素食者,我們做出最高原則,因而不需要每餐都思考要不要吃肉。把自己「綁在桅桿上」(第六章),我們比較容易保持在正確的道路上,否則我們有可能會飄入虛無的閒散中。

如果你曾有段較長的休息時間,例如轉職的空檔或暑假,回想一下當時你在做什麼,或你有什麼感覺。它是否如你所期待的那樣享受?你是否按照計畫做了許多事,還是發現自己愈來愈懶散、提不起勁?這段時間與你有更多得做的事情時相比,有何不同?

感謝老天,多數人沒有不工作的選項,有工作幾乎總是比

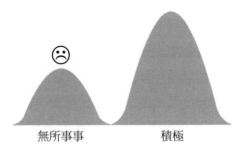

無所事事　　　　積極

圖7

沒有好。我很感謝我的疾病和憂鬱症沒有嚴重到使我必須放棄工作。工作雖然有挑戰性，它也能讓我從聚焦自我擔憂與絕望中轉移注意力。

當心智告訴你，工作是一種詛咒，請質疑這種說法。你也可以留意是什麼導致你的拖延。

質疑拖延的想法

當我想拖延令人厭煩的事，例如洗衣服時，我的心智往往會說：「等一下再做，等我有動力時就會做。」但事實是，稍晚我的動機**更低**。每次拖延、逃避我覺得不愉快的事情，都讓我覺得解脫。這種感覺造成負強化，表示逃避洗衣服帶來解脫的行為，將來很有可能再度發生。

我們也往往低估了完成工作、不再牽掛著它的好處。倒除溼機的水或換燈泡後，那種很棒的感覺總令我吃驚。當我在未完成的那一端（圖8），預期中不愉快的感覺揮之不去，因此很難看見另一端可得到的獎勵。

> 當我們很想拖延必須去做的某件事時，試著找出造成拖延症的想法，例如「反正我可以稍後再做」。問問自己是否有更有幫助的想法，例如「如果我終於完成這件事，感覺會非常棒。」

認清心智的把戲，使我更能負起責任。它能提醒我，我不

可能因為逃避工作或有更多時間而增加動力，而且完成原本想逃避的工作，其愉快的程度將超出我的想像。轉念之後，我能完成更多事，感受到更多相關的獎勵。

有了正念接受，我們能深入挖掘有關工作與情緒的信念。在「我想做時就會做」的信念背後，是更基本的假設：我們必須盡可能避免不舒適。然而我們不必受到情緒的支配，對經驗說「好」，接受我們可以完成一些事，即便我們並不喜歡。與其自問喜歡做什麼，不如問有什麼事情需要做[8]。

這不是說我們應該忽略自己的感受，感受能給我們有用的提示。如果每次上班前都很痛苦，那可能就是該換工作了。但對於那些顯然是我們的事，而且需要立刻去做的工作，我們就得從情緒的逃避陷阱中脫離。多數時候我們會發現，對工作的恐懼比真正去做那些工作來得更糟。

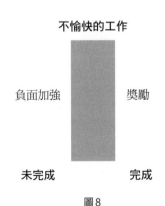

不愉快的工作

負面加強　　獎勵

未完成　　**完成**

圖8

釋放恐懼

　　另一個驅使拖延症發生的嚴重原因，是害怕事情做得不好。搞砸一件事是令人疲憊的經驗，我們當然會想避開。當我陷入憂鬱症時，我想逃避的許多工作，都是我不確定該怎麼做的事，例如換廚房的防水膠。我不知道該買哪種膠，或者我該怎麼移除舊膠，由於擔心自己搞得一團糟，造成我一直拖延。

　　意識到自我懷疑，就能質疑導致逃避的信念。我們真正失敗的可能性有多大？大多數時候，這些恐懼的故事都不會成真。當我們預期事情會很順利時，很容易捲起袖子去做，換個角度思考，我就能立刻去換防水膠或做其他我逃避的事情。

　　正念再次幫助我們提升認知方式，質疑恐懼背後的前提。我們為何一定要逃避可能的失敗？或許我們可以對不確定性採取開放的態度，接受我們無法知道努力的結果為何。緊急救護技術員葛瑞格，學會從他彷彿「走鋼索的行動」中，欣然接受失敗的可能性，而不是告訴自己「我不能掉下來！」即便接到最困難的任務，這種開放的態度也能減低他的壓力與緊張。

　　正念覺察與有用的思考是行動的基礎，也就是思考－行動－臨在的最後一個面向。

行動：把事情做好

　　當下把事情做好而不延遲，並非只與生產力或壓力管理有關。履行責任能塑造自我認同。

訓練大腦

　　心情很差時看見還沒做的家事，例如地下室除溼機的滿水燈閃爍、代表需要倒水時，我都覺得自己彷彿被起訴。逃避這些工作侵蝕我的能力感，讓我更加認為自己不是能幹的人。這種自我形象加深了我的憂鬱症，進一步削弱了我僅存的自尊。

　　質疑「自我價值基於生產力」這樣的信念非常重要，然而**心智不斷觀察我們所做的事，以此推斷我們是什麼樣的人**。我花了好長的時間才認清，這是個被低估的論點。拖延工作，就是向大腦傳送與我們能力有關的微妙訊息。把工作做好也傳送了訊息給大腦，加強了我們是負責任的人之認同感。

　　認清了這一點後，我不再假設拖延事情「沒什麼大不了的」。立刻處理好該做的事，也是部分讓我從憂鬱症康復的方法，正如我在許多患者身上發現的，只要去做必須做的事，就能得到比預期更多的獎勵。我不必做了不起的大事，依照當前的能力就好。即便是最小的成就，例如換暖氣系統的濾網，都是重大的勝利。擺脫了逃避工作的瞬間，看見自己完成這些工作，是更長久的回饋，這獎勵能增強動力，讓我不斷劃掉待辦清單上的事項。

　　我們可能覺得照顧自己是指泡個熱水澡或是休息，但它也包括做好該做的事。努力把工作做好，能幫助我們在心情低落時提振精神，在我們狀態好時也會覺得自己做事很有效率。

分階段進行

執行我們必須做的事,第一步是問自己,這項任務我們能否勝任(第三章)。太龐大的工作讓人吃不消,會降低我們的動機;如果不知道從何開始,或者不知道是否有活力完成這項工作,我們很可能逃避它。反之,剛好能負荷的工作能增加我們的動機,因為我們很容易想像自己完成。

舉例來說,如果我們現在不想洗衣服,那麼「趕緊洗衣服」這項任務就對你來說太龐大,也沒有清楚的動機激勵我們採取行動,尤其當髒衣服已經堆積如山了好一段時間。更有效的方法是訂定簡單的子任務,例如每天洗一小盆衣服。如此一來,我們很清楚需要做什麼,也有信心能完成。

剛剛好的任務也包括一個明確的終點,如此我們才知道自己已經完成工作──這是有效的任務關鍵。如果不界定終點,然後說「我們盡量去做」,特別是我們已經拖延、想彌補失去的時間時,但是當我們覺得替自己安排了數不清的工作,就很難努力去完成一項沒有終點的任務。藉由明確定義終點,例如「一小盒衣服」,我們就能讓工作維持在可掌控的範圍內,明確知道自己已達成目標,因此能放心休息。

選出家裡你必須整理的一塊區域,例如儲藏櫃或廚房抽屜。每天騰出 10 分鐘整理,直到整理好為止。如果你想今天就開始,但是沒有動力,請記得動力總是在採取行動之後出現。即便你完全不想做,想像一下

你開始動手之後有什麼結果。

開始就對了

分階段完成工作，就能達到把事情做好的最簡單行為原則：**開始就對了**。盡一切努力離開起跑線。不管是衝刺、走路或用爬的都沒關係，只要有進展就好。往對的方向邁進的任何一步都很好，一旦開始，我們的努力就會創造無盡的動能。

我常把這方法用在很難完成重要計畫的患者身上，例如山姆，他必須寫一份學期報告才能拿到學位。第一步是寫電子郵件給教授，確認他所選的主題，這是他在我們第一次會面之後的功課。第二週山姆回診時沒有寫那封電子郵件，我鼓勵他在我們會面時立刻做這件事。

從山姆翻白眼的動作看來，這建議令他有些惱怒，他可能覺得我緊迫盯人，然而沒有什麼比跨出第一步、讓事情動起來，對他更有幫助。藉由和教授的初步接觸，山姆克服了對開始行動的焦慮。一旦啟動，山姆發現以完成工作的獎勵代替負面增強的思考，使他更容易繼續工作。

一旦開始工作，就能把自己放在成本與回報中正確的一邊，正如我們在圖8看見的。我們獲得完成某件事的獎賞，它提升了我們的動機；同時，我們分階段進行要做的工作，因此任務變小了。例如一堆待洗衣物變成一盆衣物，一座大山變成一座小山，每一盆衣物都讓這項工作變得沒有那麼令人卻步。

「分階段進行」與「開始就對了」對於重要任務大有幫

助，對於一些非必要的事，例如開始一份副業或寫一本小說而言也一樣。缺少老闆的期待或付帳單的動機，我們往往很難抵擋惰性，我們可以藉由把任務變小、把計畫分成許多小部分，降低「入場費」──接著努力踏出第一步。當你覺得開始去做不費吹灰之力，就知道你的子任務大小是適當的。

> 回想你曾經逃避的計畫。什麼是完成計畫必須做的第一步？盡可能把事情變小，讓這第一步的可行性變高。如果是重新粉刷房間，那麼第一步可能是準備油漆和刷子。讓自己今天就完成第一步，然後規劃明天要做的下一小步。依此類推，每次做一項可掌控的步驟，直到整個計畫完成[10]。

我們可以對自己許下的承諾，避免做那些不是我們該做的工作。有時，對人生的肯定來自拒絕那些讓我們失衡的活動。

學會說「不」

和諧工作不只是讓自己處於忙碌，它也是拋開任何會打擾基本工作的事物。許多人可以很積極，卻很難長期忙碌。我們增加到生活中的事，有些不但不必要，也分散了我們的時間和活力。有了正念覺察，必要時說「不」，我們就能以現有的時間與活力專注在當下該做的事。

當我們可能讓別人失望，或降低別人對我們的評價時，說

「不」尤其困難。例如在生病時,我想努力做個「好爸爸」,因此我總是對家庭活動說「好」,最後卻精疲力盡,累積的疲憊感使我更難成為將注意力放在當下、有耐心的爸爸。

牧師尤金・畢德生(Eugene H. Peterson)如此形容當我們不敢拒絕時有何結果:「如果懶惰地放棄了決定和主導、建立價值觀與設定目標的基本工作,其他人會替我們做……但如果我徒勞地用引人注目的活動讓自己忙得團團轉,或是讓其他人用蠻橫的要求填滿我的一天,我就沒有時間好好做我受到召喚去做的工作[11]。」多瑪斯・牟敦(Thomas Merton)也用「懶惰」來形容無關的工作,他寫道:「請讓我擺脫那種表面看起來忙碌其實是懶惰的狀態,特別是當我其實不需要忙碌時[12]。」

對我們不該做的事情或別人期望我們做的事情說「不」,需要刻意執行,這些都會讓我們遠離更重要的事,包括休息(第八章)。正如我的一位患者所描述,我們必須「讓行事曆與我們的價值觀一致」,捍衛我們的時間與日程表,留給更重要的活動。正念接受能讓我們包容以下的可能情況:當我們對他人說「不」時,對方或許會不高興。

當我們體現正念臨在,關照我們的想法,帶著目的行動時,我們就是敞開心胸接納工作的靈性層面。

進入「心流」

當我對工作說「不」時,我無法真正臨在,因為我不符合必須完成的現實。當我開始完成更多任務,藉由接納與對工作

說「好」，我積極地表達了接受的態度。這種肯定使我與自身對能力的追求，以及對有意義參與的渴望合一。

做好我的工作，也使我能進入接受和給予的自然循環。每一天，我都受惠於無意識接受的無數禮物[13]：我睡覺的床、讓我遮風避雨的屋子、我吃飯的碗盤和我穿的衣服和鞋子等。每一件必需品都是某人工作的成果，他人的努力持續供養著我。

接受的最自然反應就是給予，正如我們在任何順暢的系統中所見，河流給予並接受水；健康的消化系統接受營養並排出廢物；海潮湧上又退去。給予是生命的基本，如果不回饋應該付出的努力，我們就會切斷那流動——就像是只有吸氣而沒有吐氣。植物學家羅賓‧沃爾‧基默爾在《編織聖草》寫道：「我們的責任就是要去發現自己可以給出什麼，善用自己的天賦讓世界變得更好……[14]。」

當我們投入生活每一刻的流動，用天賦造福世界時，我們會感到最活力充沛。如此擁抱我們的工作，是與生俱來的靈性活動。「如果我理當耕種花園或做一張桌子，那麼我忠於我正在進行的任務，我將服從上帝[15]。」多瑪斯‧牟敦在《默觀的新苗》（ New Seeds of Contemplation ）中如此寫道。

宗教經典也敦促我們將工作視為神聖的事。在《薄伽梵歌》中，黑天對阿周那說：「知道你的職責所在，並且毫不遲疑去做……如果你想獲得真正的自由，就要將一切行動視為崇拜儀式[16]。」保羅在寫給羅馬教會的信中對讀者說：「所以弟兄與姊妹，我以神的慈悲勸你們，將身體獻上，當作活祭，是

聖潔的，是神所喜悅的；你們如此事奉乃是理所當然的[17]。」
尤金‧畢德生在《信息》（*The Message*）一書中轉述保羅的
話：「把你每天所過的平凡生活：睡覺、吃飯、上班和走路的
生活，呈現在上帝面前做為供品[18]。」

思考－行動－臨在的練習有助於我們「毫不猶豫」地履行
職責，因而賦予我們真正的自由。有了正念，我們就能活在當
下，敞開心胸接受需要去做的事情。認知技巧能移除對行動的
心智阻礙。行為技巧能讓我們更專注於工作，更得心應手。

「工作是愛的具體表現。」紀伯倫寫道：「當你帶著愛工
作，你就是讓自己與自身、與他人以及與上帝合而為一[19]。」
持續參與世界，是深深滿足的愛的表現，讓我們能「與大地同
步，也與大地的靈魂同步。因為無所事事會成為季節的陌生
人，走出生命的行列之外。」我們透過努力所表達的愛，能讓
生命以及愛的表現持續不斷。

運用心智與身體在世界上行動，並負起責任時，就能看見
我們所做的不只是制定時間表、趕上最後期限，或者做好工
作。我們與生命和諧一致，也與身為生物的天性和諧一致，我
們的行動是有意義的。這樣的和諧一致是實現我們目的的基礎，
正如我們將在第12章所見，你的人生目的不會只有工作。

12

人生的目的

　　我們在前幾章談過的每件事，從尋找安定的心到關照身體與人際關係，都讓我們替表現生命的目的做好準備。正如你所見，深刻的平靜，來自於知道自己活出了天命。

✦ ✦ ✦

　　「如果人生沒有目的，我為什麼在這裡？」蜜雪兒問我。在自殺未遂的兩週之後，她來找我治療。蜜雪兒希望成為小兒神經外科醫師的規畫，因她大二時罹患深度憂鬱症而粉碎。隨著成績直線下滑，她念醫學院的夢想也遙不可及。現在她覺得自己失去目標，隨波逐流，人生失去了意義。

　　蜜雪兒的問題是可以理解的。「目的」將生命的許多片刻結合成有意義的事，給我們早晨起床的理由，讓我們把最好的自己奉獻給世界。目的感讓我們睡得更香甜，因為躺下去休息時，我們知道自己的人生很重要。沒有清晰的目標，我們會覺

得人生沒有希望。當生病打亂我的心理師工作時,我在自己身上看見和蜜雪兒一樣的絕望。

我們該如何培養整體的目的感?失去了工作、健康或能力,我們可能會感到失去方向或迷失自我,但有了正念覺察,我們永遠不會失去真正的目的。

追逐人生目的

開始看診時,我知道自己找到了天命。我看得出自己改變了患者的生活,我每天可以走進一間美麗的辦公室,我也很喜歡當自己的老闆。協助那些心痛的人們,同時還能賺錢養家——我已經找到這輩子注定從事的工作。

但事情沒那麼順利。隨著病情惡化,我不再有長時間工作的體力,我愈來愈無法應付忙碌的看診需求。然而我在病況最糟時,還是拖著腳步走進辦公室,千辛萬苦地度過每一天。「這是我的天命。」我堅持:「我注定要從事這個職業!」

等到精疲力盡的我搖搖擺擺地回到家中,除了不耐煩與易怒,沒有其他力氣給家人。一直以來,我以為自己可以回到每週25到30個患者的頻率,如果失去了看診的能力,我該如何走下去?如果無法提供治療也拿不到薪水,我覺得人生毫無意義。我能理解蜜雪兒的絕望,失去目的讓我就像一把壞掉的刀子,只能被丟進垃圾桶。

然而我看過無數人失去的比我還多,他們卻一直有意義

感。或許我搞錯了自己該扮演的**角色**。畢竟，除了一對一的治療時段，還有許多提供認知行為治療的方式：書籍、部落格、廣播、應用程式等。無論哪種提供治療的方式，重點是幫助其他人減輕痛苦的這個目的。或許我是那位大廚，而不是那把刀子。即便無法提供全職的治療幫助，我還是可以找到方法活出天命。

你認為你的天命是什麼？想想你的目的感如何隨著時間而改變。你是否曾經覺得自己沒有找到人生目的？

然而我與目的的關係似乎很薄弱。我必須健康才能持續工作，我必須成功，我堅持我必須能做**這一類**工作、扮演**那個**角色，或賺取一定的收入。為了達到這些要求，我必須平安，避免疼痛。三年多以來，我乞求從痛苦中得到解脫，我相信治癒就代表我的健康問題能消失不見，我能如往常一樣工作。

不知不覺間，我建立了以自我為基礎的目的感，我要求事情按照我的方式進行，拒絕接受它們不如我意的可能性。我無法接受自我的掙扎，因為我的工作毫無保障。將目的建立在工作上，使我感到不安，也持續感受到威脅，因為我不能失去之前所擁有的一切。

如果以必須堅持某事或是獲得追逐的某樣東西為依據，藉此維繫目的感時，我們就是被自我的依附所控制。當我們把人生目的放在一份工作，或身為一位照顧者，或進行某項創造性

的工作時,挫折或失望難以避免。如果運動員想在他們從事的運動中找到終極目的,當無法再參加比賽時,就會面臨身分認同危機;如果照顧年幼孩子是我們的終極目的,把他們照顧得很好,其實是確保孩子們終有一天不再需要我們;如果工作是我們的目的,退休後我們就會很失落。

我們或許能在這些職務中找到無比的意義,然而我們需要的是不能被拿走的目的。否則,當我們發現自己處在蜜雪兒的情況時,就會失去所有希望。她看不到通往目的的道路,因此人生似乎毫無意義,直到她發現另一個目的——比我們的角色更深刻,也比我們的健康更持久。

臨在:在當下尋找目的

托爾斯泰的短篇〈三個問題〉中,國王啟程尋找他的目的。在故事最後,他領悟到他的目的是以活在當下為基礎,「因為那是我們擁有力量的唯一時刻[1]。」我們的任務,是為了與眼前和我們在一起的人而存在,並且「為了那人付出,因為此生我們就只是為了這一個目的而活。」正念臨在是目的的基礎。

大衛·史坦德·拉斯特(David Steindl-Rast)在《寂靜之聲》中得到類似的結論。修道院生活方式的根本原理,「最能簡明地形容為努力活在當下[2],」他如此寫道,為了回應「一連串的機會,與一連串的相遇。」

矛盾的是,我失去目的的恐懼卻自我應驗了:就在緊抓著我以為必須去做的工作不放時,我已經犧牲了可行的目的。一

心只想著可能失去的，我就無法與周遭的人一起活在當下，恐懼和依附心態掩蓋了一切真正重要的事。

我們的目的就在當下。在這樣簡單的認知中，存在著平靜。真正的目的是不能從我們身上被拿走的，它也絕不是我們做不到的事。我們並不是失去目的的空殼，或一把壞掉而必須拋棄的刀子，沒有任何身外之物能打斷我們該做的事——活在當下，無論發生了什麼事。人生中的每一刻，都提供了實現這目的的機會。即便在這一刻也如此。

知道真正的目的時，你就找到了平靜感，如同認出了一位老友般：「啊！你在這裡！」就像蜜雪兒領悟到的，成為一位外科醫生仰賴無數在她控制之外的事物，包括考試分數、錄取通知以及她的身心健康。你不必讓事情依照某種特定的方式進行，才能實現目的。當你不會失去目的時，也就不會焦慮。你可以安心地知道，你永遠有一切所需。每一次呼吸之間，你都清楚知道你就在你必須處的位置。

在生病期間，我發現成為完整的自己，不在於做對每件事情，好讓我回到人生的目的。與當下情況和諧一致時，自然產生療癒，好讓我每天都達到最佳狀態，無論那是什麼樣的狀態。這是一種無所求的可靠治療方法，因為我們總是能達到和諧一致的狀態。它就像聆聽身體和心智，給出我們所擁有的那樣近在眼前。

只要決定活在當下、活在現狀中，我們就能發現新生活。無論我們身在何處，感受如何，或發生了什麼事，我們都能保

持臨在。臨在就是永遠開放自己，當我們開放時，好事會隨之而來。我們可以靈活應對**當下**出現的任何事物，無論是什麼使它們出現。當我們專注在當下，就能關照自身與他人的需求。我們該工作就工作，需要休息時就休息。我們可以給予愛，也能接受愛。

> 多數人在聽別人說話時不那麼專心，因為他們同時在意自己的想法與煩惱。選擇一天當作互動日，在這一天你以全然的臨在面對他人。把全部精神放在他們身上，全神貫注於他們說的話、他們的肢體語言、他們的眼睛與面部表情。當你刻意關注他們時，就能更開放，對方愈能夠接近你[3]。

活在當下，也就是思考－行動－臨在中的**臨在**，能讓我們使行動符合當下的需求。一旦對正念臨在開放，就能與我們的目的和諧一致。「做你正在做的事。」大衛・史坦德・拉斯特寫道：「對某一時刻的召喚做出充滿愛的回應，使我們擺脫時間單調重複的枷鎖，打開一扇進入當下的大門[4]。」

一如往常，臨在是有效的思考與有目的的行動之基礎。

思考：認識你的目的

心智最使人誤解的一些信念，都與我們的目的有關。關於目的，我們很容易落入全有或全無的思考，堅持我們必須達成

某個特定的結果，否則另一種選擇就是「一無所有」。蜜雪兒的心智告訴她，她必須成為外科醫師，否則她就什麼也不是。長久以來她都相信這個念頭，以致於沒有認出它非黑即白的特性：它非得如此，沒有別的選擇。可惜的是，她太認真看待那「什麼都不是」，因而產生自殺念頭，她相信唯一的選擇是達成目標，否則她不如結束自己的生命。

非黑即白的思考方式也使得我們相信，如果我們的目的不是某件了不起的大事，那它就毫無價值。蜜雪兒不只想救人一命，還想藉由行醫改變世界。在治療期間，蜜雪兒逐漸明白，她忽略了自己為世界帶來的美好事物，因此低估了積極的一面：無論她是否是醫生，最重要的是她獨特的存在。一旦蜜雪兒擴大對目的的信念，她就重新發現自我價值，再也不想結束自己的生命。

大多數人將目標等同於**作為**，低估了臨在的價值。這種思考的錯誤成為整個社會的錯覺，以至於使我們相信，生產力決定了我們的價值。儘管我早已發現自己的這一核心信念，我還是得堅持不懈地覺察才能看透它。

從現在開始，請你質疑以下前提：生命的目的就是取得成就。不要相信任何堅持你必須做得更多、獲得更多、成就更多或成為更了不起的人等說法，它們不會帶來你希望的結果。

　　目標本身沒有錯，我們也的確能在工作與人際關係中找到真正的意義，然而我們必須小心，不要把幸福和逝去的事物綁在一起。即便夢想已死，我們也不必跟著它死去。

　　正念臨在與正確的思考相輔相成，幫助我們採取以目標為動力的行動。

有目的的行動

　　無論選擇如何度過時間，我們的目的都一樣，就是活在當下。然而，這並不是指做什麼都無所謂——恰巧相反。

活出自我

　　適合與不適合我們的工作之間有著天壤之別。在《一廂情願》（*Wishful Thinking*）一書中，作者腓德列克‧布赫納（Frederick Buechner）表示，找到「一個所在，你最深刻的喜悅與世界最迫切的匱乏在那裡相遇。」如果你從事的工作是①你最需要做的，以及②這世界最需要你去做的，那麼你就能活出自我。

　　能力與興趣交會之處，就是你的天命，你能做的事與你想做的事互相搭配，這能使你將全部的力量灌注到努力之中。以這種方式工作將使你更能完全融入這世界，有助於你的臨在。另一方面，如果你的工作不適合你，那麼全心投入會較具挑戰性。當你的所處的情況與你這個人不符合時，你很難發揮，就好像穿的襯衫不合身一樣。

我在研究工作上投注長時間心力，但這份工作不適合我，因此我感到很不自在。內心深處，我知道我的工作沒有對這世界貢獻太多真正的價值，我對這份工作沒有深沉的喜悅，它也沒有滿足我最深的需要。當我無法長時間看診，卻強迫自己那麼做時，我也一樣覺得不適合，我的工作與能力不相稱，成為壓力來源。運用正念覺察，我能改為從事既能使我有活力，又可持續進行的工作。

正念覺察使我們注意到，我們何時感覺最臨在、最有活力，並依此引導我們的能量到當下所做的事。讓我們拋開使生命力流失的事，選擇使自己活在當下的事。我們可以不再強迫自己適應無法去做的事，我們的天命絕對在能力範圍以內。

哪種工作總是讓你感到精疲力竭？將這些工作與你最能感受到活力的工作相比，有辦法做更多符合你的能力與興趣的事嗎？

你做的工作可以幫助你實現目標，但工作本身並不是你人生的最終目的。真正重要的是活在當下。

活在當下的機會

如果重視正念臨在，就需要在一天當中為它創造機會，例如冥想與其他正念練習，但即便冥想，也可能成為一項必須完成的待辦事項。多瑪斯・牟敦（Thomas Merton）在《默觀的

新苗》書中寫道：「如果你不降低冥想時間以外的工作壓力，只在冥想時把心智中所有俗事清空，這樣是沒有用的。」生活太忙碌將導致更多壓力，也無法迎合每一刻的需要。把生活塞滿各式各樣的活動，會失去臨在的空間，就像是沒有留白的平面設計，或沒有休止符的樂譜。在日程表中適度安排空檔，更能注意到什麼是重要的事。

為目的服務

臨在的禮物之一，在於它能創造服務他人的可能性。活在當下便能察覺他人的需要，以及我們能如何回應。為了身邊的人活在當下，服務的本質會自然出現。

然而，關照他人的需要往往不容易，尤其當自己都過得很辛苦時。經歷一段艱難的時期時，我們總會轉向內在，試圖照顧自己，節省精力。當生病與憂鬱症到達谷底，我只注意自己的煩惱，我看見這一切是多麼困難，以及我想好過一點；其他人的需要都淹沒在自我關注的汪洋中。

這段經歷讓我清楚的體認到，一心只想著自己在意的事，是多麼無法令人滿足，而且諷刺的是，那是多麼令人疲憊。只關注自己的問題，使我們捲入焦慮與聚焦內在的漩渦，阻斷了我們關心他人的機會。我發現即便自己身心俱疲，也可以活在當下，把心思從自己擴及他人。只要能奉獻我所擁有的，那就夠了，即便只是遞出一個空杯子也好。

我們無須做什麼了不起的舉動，只要問對方今天過得好不

好，或者幫一個小忙，讓他們的日子好過些。我們甚至可以藉由自己的困境，思考他人處境。如果我們很痛苦，自問還有誰也在受苦，我們或許能做些什麼減輕他們的痛苦；如果我們很挫折，就想想有誰需要我們的鼓勵。

　　上述心態的轉換不是要我們忽略自己。以正念處在當下時，我們就能回應自己真實的需要；就像托爾斯泰的叮嚀，我們要關照身邊的人，也要照顧好自己。做了能為自己做的事之後，我們就能拋開無效的思慮與擔憂，把精神放在自身之外，關心我們周遭的人。

> 當你面對擔憂和焦慮時，自問你該如何對生命中的人表達愛意。或許以對方出其不意的方式，找機會滿足其他人的需要。專注在表達愛意的行動，而非等著被愛的感覺。愛往往是恐懼的解藥[7]。

　　關注其他人，往往是我們能給予自己最貼心的回應，這麼做對自我療癒十分有幫助。例如，有助於我恢復健康的其中一件事，包括分擔哄孩子睡覺的責任；過去好幾個月以來，我常在傍晚崩潰，於是這都由太太一肩擔起。在晚上唱歌或讀故事書給孩子聽，帶給他們許多甜蜜的時刻；接下這份責任，也使我能跳脫對自己的關注。無論身在何處，我們都能回歸充滿愛心與服務的本性。

　　同樣重要的是，不要堅持將服務當成通往目的的唯一途

徑。當我認為我的目的是服務患者與滿足家庭財務需求時，我就會遇到明顯的障礙：生病、度假、妻子外出，導致我必須待在家。這些事情可能有時會與我們的工作衝突，然而它們不能干擾我們的基本目的。

當我們以完整的存在——心智、身體與靈性活在當下時，我們所做的每一件事，都是整體的一部分。

整合

當我認為我的目的是革新創傷治療領域時，我對於夜晚必須安撫哭泣的寶寶，而不是寫計畫申請書感到萬分惱怒——哄女兒睡覺阻礙了我必須做的事。然而將目的與當下合一，我們會發現，無論是在「阻礙」中或是在「該做的事」中，都能達到我們的目的。

對於目的有著清楚的覺察，能將你人生中的一切凝聚與整合。每分每秒你都有機會活在當下，為你的目的服務。我們與其要「平衡」家庭與工作的責任，不如說應該「整合」兩者，因為我們只有一個目的，這目的永遠是相同的。真正的目的帶領我們走向和諧，而非使生命中的各個領域互不相容。

整合的目的感，更能使我們對抗生命中難以預料之事，就像是結構完整的建築物能在地震中屹立不搖——當生活動盪不安時，我們也不會崩潰。家庭的緊急事故或者地下室淹水都會打亂當天的計畫，但我們明白自己還是能實現目的。我們可能為了打造某個事業而努力多年，這事業卻因為不在自己控制之

內的理由而瓦解，然而我們依舊相信人生的意義沒有因此減損。這些困難令人失望，甚至令人心碎，但在更深刻的層面上，我們知道自己的目的毋庸置疑。

有一種美存在於一致的目的感中。我們生活中的每一個面向相互合作，就好像精心照顧的花園；無論種植或澆水，翻土或除草，所有活動的目的都是豐收。同理，我們生活中的每一件事，從睡覺、運動、人際關係到工作，都與其他人聯繫在一起，形成更大的目的之一。每一項活動都提供同樣的機會：活在當下，做此刻正在做的事情。

思考－行動－臨在的所有練習，最終都能使我們實現真正的目標。接受當下，有助於健康的思想和行為。正確的思想與行為，回過頭來又有利於臨在。我們的頭腦、雙手與心結合在共同的目的之下──這目的恆久不變。

永恆的目的

治療即將結束，蜜雪兒領悟到她的目的無法外求。「我不必做超越自己能力以外的事。」她告訴我，「我只要做自己就行了。」強調臨在，使她能更清晰地探索不同的職涯方向。她對未來還是很焦慮，卻不再絕望。沒有任何事能動搖她最根本的認同與目的。

我們最深刻的目的在於存在的狀態，而不是我們想或做了什麼。開始意識到目的的靈性層面，我們就會發現目的超越了時間。最深刻的目的，永遠是我們可以得到的，因為它就在當

下，而邁入當下等於進入了永恆。

　　當你全然處在某一刻時，可以感受到內心深處這持續的連結。活在當下時，「一切都有意義，一切都有道理。」大衛・史坦德・拉斯特在《感恩，祈願之心》（*Gratefulness, the Heart of Prayer*）中寫道：「你與完整的自我溝通，與一切溝通，與上帝溝通[8]。」所有問題都消散得無影無蹤，你在做眼前的事，感覺正應如此。

　　工作時，我們的目的是全心投入目前的工作。休息時，我們藉由活在暫停的當下而實現目的。當力氣用盡，接近一天的尾聲，我們可以專注在生命本身以及每一次的呼吸上。當我們在地球上的時間進入尾聲、吐出最後一口氣時，我們會在呼吸結束的當下重新開始，無論那是什麼樣的狀態。

　　我們的目的藉由關照當下而實現，無論是此刻，或是每一刻。專注在當下，你便經歷澈底與深刻的歸屬感，就在此地，以你現在的狀態呈現。在內心深處，你知道你回家了。澈底了解自己，就完成了思考－行動－臨在的循環，這是最後一章要談的重點。

13

回到內在的家

在我以為我孑然一身時，
我聽見你呼喚我回家的聲音。

——里奇・穆林斯（Rich Mullins），
〈反璞歸真〉（Growing Young）

　　本書開頭提到，聆聽召喚你的內在聲音，跟隨那聲音的終
點，就是回歸「自我」——回到神性的一部分，也就是最真實
的**你**。在最後一章裡，你將知道當你回歸自我，等著你的是全
心全意的愛，而當你知道你被深愛著，每天的奇蹟更顯而易
見。無論面對自身或你周遭的世界，都能安適自在，你將能找
到與內在聲音更強大的連結，而思考－行動－臨在的循環也將
周而復始持續下去。

✦　✦　✦

　　憂鬱症逐漸恢復的某天傍晚，我突然靈光乍現，領悟了神聖之愛的本質。這一刻發生在我一邊做晚餐，一邊聽著基督教歌手與作曲家里奇・穆林斯的演唱會。在兩首歌之間，穆林斯說他很感恩，因為上帝就像一位以孩子為傲的家長，祂總是把我們塗鴉般一團糟的人生，視為「最美麗的藝術作品[2]」。

　　突然間我明白，神聖之愛不是之前我所以為勉強、敷衍的愛，也不是冷漠的容忍。那是無條件、全心全意與無所不在的愛，就像父母對孩子的愛。當天晚上入睡時，我感覺自己被接受、被擁抱，沉浸在慈愛之中。我覺得自己回到了家。

　　所有人都渴望回家。我們渴望有一個地方能全然做自己，放下擔憂，知道我們以原本的樣貌被愛著。然而這深刻的歸屬感往往不易獲得，我們在人群中不自在，也與自己的內在切斷聯繫。我們懷疑自我價值，渴望得到比目前所擁有更多的事物。我們如何在人生中有回到家的感覺，與自己和平共處？

　　回到內在的家，是思考－行動－臨在這一旅程的終點，正如我那天晚上在廚房裡的發現。所有經驗都在召喚我們回家：回歸彼此，回歸地球，回歸這一刻。本書的每一章，談的都是聆聽那召喚。那是把人們帶來進行心理治療的召喚，也是當我在沙發上感覺失落又孤單時聽到的召喚。無論是在神聖的睡夢中或在狂喜的肢體動作中，我們都能聽見這召喚。當我潛入德拉瓦灣，耳邊響起《海洋奇緣》電影中的話語時，也聽見同樣的召喚。它在一片萵苣葉中，也在我們所愛的人的臉龐。

你多常體驗到深刻的愛與歸屬感？你是否很容易愛自己？你認為「就像回到家」這句話代表什麼意義？

以下我所描述特定的宗教與靈性經驗，並非適用於每個人，因為我所返回的家，不是一個地方或一套信念，我回到的是自己內在的家。這個家無所不在，是一種恆常的存在狀態。然而即便召喚時常出現，我們也往往沒有意識到，就像多年來的我。

聽見回家的召喚

20歲出頭時，我離開從小信仰的基督教基要派，從此不肯聽那召喚。我曾經很認真相信基督教承諾我們的奇蹟，與會眾一起熱切祈禱與禁食，祈求上帝療癒生病的信徒，但無論是年輕人或老年人還是死於癌症，祈禱也對我自己的病痛毫無效用，就連宣揚神性療癒的牧師，也必須靠藥物控制慢性病。漸漸地，當那些承諾沒有實現，我感覺被騙了，而且那個總是憤怒、愛批判的神，隨時像要懲罰我，讓我愈來愈疏遠。

失去靈性立足點的我，感到既痛苦又迷惘。將近20年來，我排斥所有宗教或靈性的事物。我嘲笑基督教，譏諷上帝的慈愛概念。我告訴自己我是百分之百的唯物主義者，我試著相信所有人類經驗都能化為可觀察的物質。我不想給超自然任何空間，然而我無法擺脫，生命中有些事超越我所知的感受。

在接下來的幾年裡我偶爾察覺到，有人一直輕輕拉扯我的袖子。「你少了些什麼。」有個輕柔的聲音持續對我說。雖然這全然進入經驗的召喚始終存在，它通常不會突然冒出來。我最常在夢境、歌曲、詩、大自然之美以及靜謐的正念覺察中感受到它。

我總是不由自主被《聖經》中早已熟悉的經文所打動，例如〈詩篇〉第42章第一節：「神啊，我的心切慕你，如鹿切慕溪水。」當我與唱詩班一起在緬因州巴爾港唱歌時，我無法解釋自己的情感波動：「哦，那不肯放我之愛，我將疲魂安息於你。」當我在電影《妙媳婦見公婆》中，看到某個三重唱在一個很像我小時候去的教堂地下室，唱著〈慈聲呼召歌〉（Softly and Tenderly）時，我哭了：「回家吧，回家吧，疲憊的你們，回家吧。」

還沒生病的多年前，某天深夜裡我坐在地下室的書桌寫論文，聽見了清晰的召喚。我暫時放下手邊的工作，第一次聽「蒙福與子合唱團」（Mumford & Sons）知名的首張專輯《莫嘆息》（*Sigh No More*）裡的新歌〈喚醒我的靈性〉（Awake My Soul）。我沒有預料到，聽著那簡單的歌詞時，陣陣強烈的渴望與悲傷會向我襲來。

副歌開始時，我突然間哭了起來。臉頰上的兩行淚，不是一、兩滴可以迅速拭去的淚水；我把臉埋在手掌中，全身顫抖地哭泣。我不明白自己的眼淚與痛苦，但我知道長久以來，內心深處早已疲憊不堪。當我哭泣時，我已無法否認分離的痛

苦：與現實分離，與他人分離，以及與自己分離。我覺得我缺少了生命中最重要的部分。

　　連我那時期做的夢也試圖喚醒我，使我更深刻理解怎樣才叫做活著。經歷地下室那一晚不久後，我連續三個晚上都做了同一個夢，只是內容略有不同。在每個夢中，我都和一群不認識的人一起快樂地跳舞、搖擺著，他們用一種我不知道的語言唱歌，那場景與我小時候在五旬節的許多「呼召」極為相似，也就是所有人都受邀到聖壇前，一起進行情感強烈的禱告與歌唱，其中往往包括說方言。

　　「我覺得有什麼在召喚我。」在做了第三次夢之後，我告訴太太，「可是我不知道如何回應。」我眼中唯一的靈性活動就是上教堂，但我感覺那不太對。和太太聊過之後，我決定報名瑜珈課，在課堂上我發現如何運用心智與身體、呼吸的力量，以及從臨在中發現的平靜。

　　同一時間，我做了本書稍早提到的死亡之夢，它讓我看見之前我不知道可能實現的連結層次：與跨越時間、空間甚至死亡的一切存在的連結。「我何以放棄了這個？」我納悶。感覺就像是我在2、30歲時一直把耳朵塞住，說我不相信聲音，然後我再次對那些話語、笑聲、音樂與鳥鳴開啟了聽覺。

　　繼續對我感受到的召喚說「好」時，我發現了一本談世俗佛教的小書，它讓我看見正念覺察的力量。這本書已在書架上好多年，但我一直沒注意到它。書上每一頁都精闢描述了那些我一知半解、從未用語言表達的事物，因此令我印象深刻。例

如當我與當下十分貼近時，充滿在生命中那接近悲傷的溫柔。當我專注在一顆葡萄乾，或在一片菜園裡剛摘下的萵苣葉中品嘗到生命滋味時，正是那份甜美令我哭泣。

由於世俗佛教強調專注在我們當下的經驗中，以及擁抱生命的原貌，我便欣然接受了它，並且開始進行每日冥想。透過佛教著作，我學會包含一切的愛與一體性，以及一個不會找機會懲罰我們的宇宙。我在世俗佛教中找到平靜與接受，它成為我靈性的家。或許我是個有缺陷的人，那也沒關係。我可以接受我自己原本的樣貌。

然而，我發現自己依舊在尋尋覓覓某種無以名狀的事物。

尋找內在的家

多數人都在外界尋找家的安全感與歸屬感。我們在人際關係中尋找，或在他人的喝采聲中或物質事物中尋找。其實，我們渴望的家一直都在這裡，它並不存在於其他地方。「這個國度的中心無所不在。」多瑪斯‧牟敦（Thomas Merton）在《默觀的新苗》中寫道：「你不能藉由旅行，站在原地不動，才能找到它[3]。」

但那不能阻止我們在除了它所在的地方以外四處尋找，就好像我們把房子給拆了，想找到房子的鑰匙，然而鑰匙就在我們手上。由於我們深信自己還不夠好，因此答案必須在**遠方**的某處，不在我們自己身上。這種對自身不足的想法，體現在我們對自己與世界的核心信念中，驅動著我們的思想和行動。這

些根深蒂固的假設，往往和我們的不夠好或不討喜有關：「你被放在秤上，顯示出你有所不足[4]。」

想想你在哪裡尋找你缺少的東西——能使你完整的那樣東西？想想關於你的核心信念，它或許正是構成你匱乏感的原因。

我們有太多的痛苦都來自於費盡心力去找**更多的東西**：比我們自己還多。比坐在我對面的那人還多。比這棟房子、這張桌子、這一頓飯、這根湯匙還多——比這當下還多。我們的眼光總是越過我們渺小的生活，希望找到更好的事物。從這不足感出發，我們是試圖賺得全世界，賠上自己的生命[5]。

無數歌詞、書籍與電影裡都呈現上述主題，包括迪士尼動畫《冰雪奇緣2》（身為年幼孩子的父母，我必須看迪士尼電影）。艾莎在追求她意識到的某種存在，這是她有記憶以來就知道卻難以捉摸的某人或某事，追尋一個聲音和一道光時，她更堅持地歌唱，並懇求那事物現身。

這種希望與渴求存在於所有人的心中，我們渴求能滿足願望與使我們更完整的某個事物。有時我們似乎已經很接近，就像艾莎一樣，像是記得某個夢境的感覺，但無法回想起它確切的情節。艾莎不顧一切的尋覓，她騎上有魔法的馬，渡海過程中馬兒差點讓她溺斃；就在愈來愈狂熱的尋找過程中，艾莎命令她追逐的物體現身。她確信如果她夠認真，就能找到她一直

在等待的那樣東西。

對於我們追求的事物，我們也有相同的要求：我們生命中的人們、我們的事業、每次的向外追尋都會取代我們真正需要的東西。我們以為要填滿內心的空虛，解決方法是獲得我們缺少的東西。但我們尋找的，一直都在自己身上，正如艾莎發現的那樣。音樂漸強，艾莎終於找到答案：**自己就是她在等待的那個人。**

你一直在等待的那個**你**，不是增強分離感的自我意識，像是試圖擁有整片海洋的一滴水。如果那「渺小的」自己實現了我們所有渴望的事物，多麼叫人失望！反之，這個你是屬於更大的整體的一部分。那是真正的你。你不必彌補某個你以為的缺點，或在廣袤的宇宙中誤以為你渺小的存在。你可以不再試著擁有全世界，因為你屬於整個宇宙。

關於你是誰，有一個比你的負面核心信念更深刻的真理。如果你往內心深處挖掘，碰觸到你不足或不值得被愛的底部，請繼續往下挖，你還沒找到真正的核心。在自我的最深處，是知道你擁有所需一切的神性，你一直是足夠的，你維持現有的樣貌也完全沒問題。明白這一點，你的肩膀會放鬆，呼吸也會更輕鬆。

「為何拋棄原本的你？」道明會神祕主義者艾克哈特大師問，「為何不保有你的自我，從你自身良善的深井中汲取所需呢[6]？」正如我在徘徊不定時發現到的，人不能離開真正的家——那是你的一部分。回家就代表與一直在那裡的事物重新

連結。回家之路已為你準備好了。

　　無論如何四處遊蕩，離內在真正的家有多遠，我們不必沿著原來的步伐找到來時路。回家發生在一瞬間，就像在黑暗中突然打開的一盞燈。我們或許已經在黑暗中坐了很久，但突然間我們意識到那些看不見的事物，一波波洞見與意涵向我們襲來，於是我們發現新的理解之光改變了一切。

　　在診所裡，我曾親眼見到許多激勵人心的返回真正自我的例子，例如我們在第一章提過的保羅。他一直覺得自己不夠好，希望藉由得到母親的愛、藉由酒精以及一連串不盡如人意的情感關係來得到滿足。在這過程中，他放棄了自己。藉由正念認知行為治療，保羅終於在與自己的關係中得到平靜，他與當年那個被拋棄的五歲孤單小男孩，以及現在仍帶著多年前傷口的自己和解。當他告訴我，他感覺到對自己的愛時，我知道他找到了回家的路。

　　回家的召喚，永遠是對愛的召喚。當我們終於回到內在的家，愛會自然而然浮現出來。唯有全然意識到自己值得被愛，才真正明白我們回家了。

知道你是被愛的

　　開始練習冥想與其他形式的正念之後，我對各種經歷的感受更為鮮活。我發現我錯過太多與太太和孩子之間的相處，走在街上看到陌生人，我也能欣賞他們，我忍不住對每個人微笑，不在乎自己是否有點滑稽。

　　佛教甚至能使我用新的觀點去看基督教，我因此從兒時被教導的那些事中，認出深刻的真理：靈性連結是不可或缺的，愛是基礎，永恆存在於每個人之中。這些教條解釋，模糊了它們傳達的基本訊息——這訊息與我對佛教教義的領悟不謀而合。我對於兒時信奉的宗教有了完全不同的理解，許多用詞都與以往相同：罪、信仰、救贖，死亡，然而定義已經改變，我終於理解上帝就是愛。

　　然而我透過佛教所接觸的靈性，並未觸及內心深處。我的明確信仰與我感覺到的真理脫節，我常在進行治療時遇到這樣的不協調感，也就是患者知道自我厭惡的想法不切實際，但他們還是**覺得**那就是真相。

　　我依舊渴望從與我疏遠的「原生上帝」得到愛與贊同，那是我從小到大相信的上帝，然而在逃離基督教時，我也從祂身邊逃走了。我內心深處的信念告訴我，上帝似乎對我感到惱怒，巴不得要懲罰我；就算上帝十分有耐心，但我確認我快把祂的耐心用光了。

　　聽到里奇・穆林斯的歌詞時，我那累積幾十年的情緒決堤。當我在廚房哭泣時，使徒保羅鼓舞羅馬人的話語，對我而言有了新的意義：「沒有任何受造之物能叫我們與神的愛隔絕[7]。」我終於回家了。

見證奇蹟

　　從小到大，我都以為奇蹟會發生在日常事件以外的地方：

末期的癌症消失了，或骨折痊癒了，那才叫做奇蹟。當這些不平凡的跡象沒有發生時，我這麼下了定論：生命侷限在我們平凡的經驗中——沒有奇蹟，也沒有神性。

但是當我更深入察看平凡經驗時，我發現**確實**有些事超出理解，並不是有什麼超越我此生的事，而是在此生中，我其實擁有許多奇蹟。我的身體能使傷口癒合，也能治療我的傷風，它有著超出我有意識的覺察或控制以外的力量。只要提供正確的條件：清潔傷口、好好睡覺、吃營養的食物，其餘的事情身體會處理好。

在日常生活中，注意你的肺如何支持每一項活動。感受你的呼吸如何配合每一項要求：當你焦慮時，呼吸又快又淺；當你爬樓梯時，呼吸比較深；當你進入夢鄉時，呼吸緩慢而均勻。你也可以刻意放慢呼吸，意識到你自然平靜下來的效果[8]。

正如在治療患者時，以及在我的私人生活中，我目睹我們的腦與心也有治療的能力。就和身體上的治療一樣，我們只要提供正確的心智與行為條件，神經系統會接手完成工作：我們面對恐懼，恐懼就會消減；我們盡力參與，憂鬱症就會緩解；我們改變習慣，就能改善睡眠狀況；我們好好休息，壓力系統也會平靜下來。

我們在人際關係中找到的療癒也不平凡。我不知道如何修

補破碎的關係，就像我不知道如何治療骨折，但感謝天，寬恕是我們內建的能力。我們會在親密關係中跌跌撞撞，對另一半、雙親或子女失望，但我們還是能找到回去彼此身邊的路。太太和孩子見過最糟的我，我也見過最糟的他們，然而我們對彼此的愛毋庸置疑，因為「愛能遮掩許多罪過[9]。」

　　即便是生命本身的神祕存在，以及維持生命的宇宙也絕不平凡。否認日常經驗中的驚奇時，我錯過了生命中的許多事。我一直在尋找的天堂，就在地球上；就好像我要找的眼鏡，其實一直戴在頭上。

　　不相信自己被愛著，我們就錯失生命中俯拾皆是的美好事物；如果孩子不確定父母是否愛他，他就看不見他們的關心。一旦我們看見圍繞在身邊的愛，就能發現我們受到比自己所知更多的照顧。我們逐漸明白，宇宙站在我們這邊，它提供我們所需的一切，這又加強了我們值得被愛的信念（圖9）。如果一直有人照顧我們，那我們一定是值得被愛的。

圖9

你所經歷的每一件事都是為你而來：牆上的一片日光，拂面的微風，和你看見的每一個色彩——這就是為什麼你會看見它們。知道日常生活中充滿美好的事物，你就能安心。因此在內心中回到這一刻，回到你坐著的地方，回到生命中的人們，回到原來的你。你不凡的生活就在你已經擁有的一切之中。

痛苦與失落的彼岸

幾年前，我覺得人生已經到了盡頭。正在解體的不是一架飛機，而是我人生的架構。我失去了健康的身體和心智、我的存款以及我的友情。我一直在防備著衝擊發生的那一刻，預期將會有毀滅生命的猛烈撞擊。無論是否真的死去，我都無法想像在失去了這麼多之後日子要怎麼過。

然而接下來的死亡並非如我所預料。我不只還活著，而且活得更好。即便在健康情形好轉之前，我就重新發現長久以來被拋棄的靈性連結，它帶領我穿越挑戰。正如在我的夢境中，舊的自我之死，揭示了我與我所愛一切人事物的永恆連結。恐懼已無處藏匿。

從沙發上的那一晚至今，有太多事已經改變。在痛苦與失落的另一邊，我找到深刻的平靜。這平靜從我發現我的靈性開始，找到對我的艱苦充滿同情的見證者，將我連接到一個更大的靈性。我領悟到我並非孤獨一人，我沒有被遺忘。在這之後的認知與行為治療，是基於正念覺察的堅實基礎之上。我的心智已經被更新，我的行動與持續的目的感合而為一。我知道我

只要做原本的我就很好了，因此我不再無情地逼迫自己做更多事，或持續活在壓力中。

從我的嘗試與訓練衍生出的思考－行動－臨在的整合做法，千年來有許多人早已發現。多瑪斯·牟敦在《默觀的新苗》中形容得很優美：「『靈性生活』是達到完美平衡的生活，其中身體充滿熱情與直覺，心智具有理性並服從原則，而靈性在上帝的光與愛中被照亮，形成一個完整的人，他在上帝之中，與上帝同在，來自上帝，也為了上帝而存在[10]。」

我們是心智、身體與靈性的存在，我們所尋找生命中持續發生的問題的答案，必定包含關照我們的思想、與目的一致的行動以及活在當下的經驗之中。

無論你正療癒失落或創傷，尋找更大的目的，或在自身的危機中掙扎奮戰，請先從培養臨在開始。聆聽靈性的聲音，那將會是你永遠的伙伴。回應靈性的召喚，實踐正確的思考與正確的行動。藉由正念認知行為治療，我希望你能和我一樣找到全新的人生。前方的路並不平坦，但它永遠能用以下這三個簡單的字來表達：思考－行動－臨在。

保持呼吸，關注思緒，做需要做的事——你就在屬於你的地方。

謝辭

感謝許多在本書寫作過程中影響我的人，首先是我的父母，查爾斯‧吉爾罕（Charles Gillihan）和卡洛琳‧吉爾罕（Carolyn Gillihan）。媽媽，妳對身邊的人給予的愛和關懷，教會我許多事，這些直到我長大後才完全明白。爸爸，在我生病和罹患憂鬱症期間，我經常想到你，我總想著你是如何在自身經歷重大困難時，繼續服務你的教會和家庭。感謝你們，儘管多次搬家，你們仍然讓家成為孩子生活中穩定而充滿愛的力量。我很高興近年來有機會更了解你們。

揚德（Yonder）、瑪拉基（Malachi）、提摩西（Timothy）與查理（Charlie），你們就像我的兄弟，在我們各自尋找人生的方向時，感謝你們給予的同情和幽默感，但願我們能住得更近些！我渴望有更多時間與你們相處。感謝我的岳父母，蘭斯‧萊特豪瑟（Lance Leithauser）和辛西雅‧萊特豪瑟（Cynthia Leithauser），感謝你們25年多來的愛與支持。

感謝我的經紀人賈爾斯‧安德森（Giles Anderson），你有一種天賦，能在我還沒完全說出來之前，瞬間理解我的意思。感謝你從我在菲洛山脊農場（Philo Ridge Farm）第一次簡短描述這本書開始，就興奮不已。那次吃的沙拉仍然是我至今吃

過的最美味的一份。

感謝我的編輯米奇‧莫德林（Mickey Maudlin），你協助我找到書的架構，將一系列的想法整理成連貫的內容，感謝你的耐心和見解，指導我寫出一本更好的書。衷心感謝助理編輯香塔爾‧湯姆（Chantal Tom），以及其他優秀的 HarperOne 出版社團隊：萊娜‧阿德勒（Laina Adler）、露易絲‧布雷弗曼（Louise Braverman）、莉雅‧卡爾森—斯塔尼斯克（Leah Carlson-Stanisic）、伊芳‧陳（Yvonne Chan）、安‧愛德華茲（Ann Edwards）、帕特‧哈里斯（Pat Harris）、艾美‧里夫（Amy Reeve）和艾美‧薩瑟（Amy Sather）。

金‧理查森（Kim Richardson），藉由我們多年來在 WebMD 的合作，你協助我進一步發現以作家身分表達觀點。艾麗雅‧坎貝爾—丹尼希（Aria Campbell-Danesh），你是我摯愛的朋友與知己，那幾通啟發人心的越洋電話不斷支持著我，我設法將那些對話融入本書。雷‧帕西（Ray Pasi），20 多年來我一直珍視你的友誼、智慧、鼓勵和幽默感。

感謝愛麗絲‧博伊斯（Alice Boyes），我很感激能透過寫作與你建立聯繫，感謝你以朋友與同行作家的身分支持我，並介紹我認識賈爾斯，也感謝你總是以豐盈的眼光看待事物。感謝喬爾‧明登（Joel Minden），我覺得我們能找到彼此非常幸運，很期待能與你有更多有益的對話。總有一天我們會見到面！感謝寶拉‧魯肯斯坦（Paula Ruckenstein），你在賓州大學早晨課堂上的指導，讓我看到藉由瑜伽所能達到的深度覺察。

我的印第安納州同鄉、創立聖法蘭西斯兄弟公司（Kid Brothers of St. Frank）的里奇・穆林斯（Rich Mullins），很遺憾我們此生從未見過面，但透過你的音樂和訪談，我覺得我認識你，你的話語持續傳遞真理和生命。

感謝許多醫師，他們盡最大努力幫助我找出病因，感謝五位語言治療師幫助我找回聲音。特別感謝黛安・蓋瑞（Diane Gaary），妳廣博的知識與洞察力不斷讓我驚訝；以及感謝臨床營養師賈許・吉塔利斯（Josh Gitalis），你必要的知識與同情心讓我重獲新生。

我對認知行為療法的理解受到許多人的影響，包括艾倫・戈德斯坦（Alan Goldstein）、羅伯特・德魯貝斯（Robert DeRubeis）、茱蒂斯・貝克（Judith Beck）與亞倫・貝克（Aaron T. Beck，他在我寫本書時去世）；我的博士後導師伊麗莎・庫什納（Elyssa Kushner），她向我介紹了正念行為療法；睡眠專家麥可・珀里斯（Michael Perlis）和唐恩・波斯納（Donn Posner）；已故的克里斯・埃里克森（Chris Erickson），他鼓勵我在博士訓練期間專注於認知行為療法；以及許多同事，包括我的#CBTWorks推特社群。最初，我對認知行為療法的解釋，受限於我深度理解它的能力限制，這反映了我自己的侷限，而不是我導師的侷限。

我不是將正念與認知行為療法結合起來的人。感謝那些影響我思考與整合的人，特別是史蒂芬・海耶斯（Steven Hayes）、麗茲貝思・羅默（Lizabeth Roemer）、蘇珊・奧西洛

（Susan Orsillo）與金德爾・席格（Zindel Segal）。

　　我在本書中傳達的思想，受到與許多人在思考－行動－臨在（Think Act Be）播客上的對話影響。我感謝你們每一位。感謝我的患者：能夠與你們一起見證你們在治療中的勇氣，是我的榮幸——治療並不容易！感謝你們在這項深具人性的工作中信任我。

　　盧卡斯（Lucas）、艾達（Ada）和費伊（Faye），你們每天都讓我笑得很開心，不只是我講笑話給你們聽的時候。就算你們不在身邊，有時我也會因為想起你們說過或做過的趣事笑了起來，或者我只是想起我多麼愛你們。即使我的健康問題影響到了你們，感謝你們依舊貼心以及對我的諒解，我很高興能當你們的爸爸！

　　最後要感謝我的妻子也是我的朋友，瑪西雅・萊特豪瑟（Marcia Leithauser）：這本書中有妳的痕跡，而且比妳所知道的還多；在疫情期間多次早晨的散步中，妳為我面臨的寫作困境提供了優雅的解決方案。我很感激自己在1995年於史特拉斯堡追求妳的明智決定，當時和妳在一起就像回到了家。每當我真正看到我們擁有的生活——這生活絕非完美，卻比我希望的更美好，我幾乎不敢相信我的好運。感謝妳在那些難以忍受的夜晚握著我的手（也擁抱了我的痛苦）。我試著在字裡行間表達妳在我患病期間給予的許多幫助，但妳為我所做的一切，和我對妳的感激之情，遠遠超過文字可表達。

附註

引言

1　Mark S. Burrows and Jon M. Sweeney, *Meister Eckhart's Book of Secrets: Meditations on Letting Go and Finding True Freedom* (Charlottesville, VA: Hampton Roads, 2019), 194.

① 聆聽內心的召喚

1　為維護患者隱私，姓名與職業等個人資訊已做更改。

② 與真正的自己連結

1　改編自賽斯・吉爾罕，*The CBT Deck for Clients and Therapists: 101 Practices to Improve Thoughts, Be in the Moment, and Take Action in Your Life* (Eau Claire, WI: PESI, 2019).

2　Ilia Delio, *The Hours of the Universe: Reflections on God, Science, and the Human Journey* (Maryknoll, NY: Orbis Books, 2021), xv.

3　Omid Naim, "Telling a Better Story about Health and Healing," interview by Seth Gillihan, *Think Act Be*, podcast audio, February 20, 2019, episode 30, https://sethgillihan.com/ep-30-dr-omid-naim/.

③ 找出行為影響力

1　M. Muraven and R. F. Baumeister, "Self-Regulation and Depletion of Limited Resources: Does Self-Control Resemble a Muscle?," *Psychological Bulletin* 126, no. 2 (2000): 247–259, https://doi.org/10.1037/0033-2909.126.2.247.

2　Marcus Aurelius, *Meditations*, trans. Gregory Hays (New York: Modern Library, 2002), 77.

3　David Steindl-Rast and Sharon Lebell, *Music of Silence: A Sacred Journey Through the Hours of the Day* (Berkeley, CA: Ulysses Press, 1998), 5.

4　發展認知療法當中最著名的是精神科醫師亞倫・T・貝克（Aaron T. Beck）和心理學家阿爾伯特・艾利斯（Albert Ellis）。

5　Epictetus, *The Enchiridion*, in *Discourses and Selected Writings*, ed. and trans. Robert Dobbin (New York: Penguin Books, 2008), 223.

6　這項研究是由伊凡・巴夫洛夫（Ivan Pavlov）、愛德華・桑代克（Edward Thorndike）和 B・F・史金納（B. F. Skinner）等人所進行。

7 行為療法的著名發展者之一是南非精神科醫生約瑟夫‧沃爾普（Joseph Wolpe）。

8 奧里略《沉思錄》

④ 接受正發生的事

1 Steven C. Hayes, "You Want to Feel All of It," interview by Seth Gillihan, *Think Act Be*, podcast audio, October 7, 2020, episode 108, https://sethgillihan.com/ep-108-dr-steven-c-hayes-you-want-to-feel-all-of-it/.

2 Epictetus, *The Enchiridion*, in *Discourses and Selected Writings*, ed. and trans. Robert Dobbin (New York: Penguin Books, 2008), 222.

⑤ 練習正念覺察

1 造訪網站 https://sethgillihan.com/guided-meditations/ for simple guided meditations.

2 Letícia Ribeiro, Rachel M. Atchley, and Barry S. Oken, "Adherence to Practice of Mindfulness in Novice Meditators: Practices Chosen, Amount of Time Practiced, and Long-Term Effects Following a Mindfulness-Based Intervention," *Mindfulness* 9 (2018): 401–411, https://doi.org/10.1007/s12671-017-0781-3.

3 Chögyam Trungpa, *Shambhala: The Sacred Path of the Warrior* (Boston: Shambhala, 1984).

4 葡萄乾練習是由正念減壓療法創始人喬恩‧卡巴金（Jon Kabat-Zinn）所提出。

5 Sam Harris, *Waking Up: A Guide to Spirituality Without Religion* (New York: Simon & Schuster, 2014), 6–7.

6 William James, *The Varieties of Religious Experience: A Study in Human Nature* (Mineola, NY: Dover Publications, 2018), 398–400.

⑥ 與你的所在連結

1 《聖經》以賽亞書55:2（新國際版）

2 Holly B. Shakya and Nicholas A. Christakis, "Association of Facebook Use with Compromised Well-Being: A Longitudinal Study," *American Journal of Epidemiology* 185, no. 3 (February 1, 2017): 103–211, https://doi.org/10.1093/aje/kww189.

3 D. Nutsford, A. L. Pearson, and S. Kingham, "An Ecological Study Investigating the Association Between Access to Urban Green Space and Mental Health," *Public Health* 127, no. 11 (November 2013): 1005–1011, https://doi.org/10.1016/j.puhe.2013.08.016; Hannah Cohen-Cline, Eric Turkheimer, and Glen E. Duncan, "Access to Green Space, Physical Activity, and Mental Health: A Twin Study," *Journal of Epidemiology & Community Health* 69, no. 6 (June 2015): 523–529, https://dx.doi.org/10.1136/jech-2014-204667.

4 Agnes E. van den Berg et al., "Green Space as a Buffer Between Stressful Life Events and Health," *Social Science & Medicine* 70, no. 8 (April 2010): 1203–1210, https://doi.org/10.1016/j.socscimed.2010.01.002.

5 Caoimhe Twohig-Bennett and Andy Jones, "The Health Benefits of the Great Outdoors: A Systematic Review and Meta-Analysis of Greenspace Exposure and Health Outcomes," *Environmental Research* 166 (October 2018): 628–637, https://doi.org/10.1016/j.envres.2018.06.030.

6 改編自賽斯‧吉爾罕, *The CBT Deck for Anxiety, Rumination, and Worry: 108 Practices to Calm the Mind, Soothe the Nervous System, and Live Your Life to the Fullest* (Eau Claire, WI: PESI, 2020).

7 Mary Oliver, "To Begin With, the Sweet Grass," in *Devotions: The Selected Poems of Mary Oliver* (New York: Penguin Press, 2017), 77.

8 羅賓‧沃爾‧基默爾《編織聖草：滿溢生命語法的自然書寫！與萬物建立神聖關係，創造生生不息的禮物經濟》(漫遊者文化 2023)

9 Lauren E. Sherman et al., "What the Brain 'Likes': Neural Correlates of Providing Feedback on Social Media," *Social Cognitive and Affective Neuroscience* 13, no.7 (July 2018): 699–707, https://doi.org/10.1093/scan/nsy051.

10 Jon D. Elhai et al., "Problematic Smartphone Use: A Conceptual Overview and Systematic Review of Relations with Anxiety and Depression Psychopathology," *Journal of Affective Disorders* 207 (January 1, 2017): 251–259, https://doi.org/10.1016/j.jad.2016.08.030.

⑦ 給予他人感謝

1 "Johnson Oatman," Prabook, accessed 5/25/2022, https://prabook.com/web/johnson.oatman/3767739 Lyric source: https://hymnary.org/text/when_upon_lifes_billows_you_are_tempest.

2 Brenda H. O'Connell, Deirdre O'Shea, and Stephen Gallagher, "Feeling Thanks and Saying Thanks: A Randomized Controlled Trial Examining If and How Socially Oriented Gratitude Journals Work," *Journal of Clinical Psychology* 73, no. 10 (October 2017): 1280–1300, https://doi.org/10.1002/jclp.22469.

3 Joshua A. Rash, M. Kyle Matsuba, and Kenneth M. Prkachin, "Gratitude and Well-Being: Who Benefits the Most from a Gratitude Intervention?," *Applied Psychology: Health and Well-Being* 3, no. 3 (November 2011): 350–369, https://doi.org/10.1111/j.1758-0854.2011.01058.x.

4 Steven M. Toepfer, Kelly Cichy, and Patti Peters, "Letters of Gratitude: Further Evidence for Author Benefits," *Journal of Happiness Studies* 13 (2012): 187–201, https://doi.org/10.1007/s10902-011-9257-7.

5　Sara B. Algoe, Jonathan Haidt, and Shelly L. Gable, "Beyond Reciprocity: Gratitude and Relationships in Everyday Life," Emotion 8, no. 3 (2008): 425–429, https://doi.apa.org/doi/10.1037/1528-3542.8.3.425; Nathaniel M. Lambert et al., "Benefits of Expressing Gratitude: Expressing Gratitude to a Partner Changes One's View of the Relationship," *Psychological Science* 21, no. 4 (2010): 574–580, https://doi.org/10.1177/0956797610364003.

6　William Ferraiolo, Meditations on *Self-Discipline and Failure: Stoic Exercise for Mental Fitness* (Winchester, UK: O-Books, 2017), 163.

7　觀看影片 https://www.youtube.com/watch?v=BSxPWpLPN7A.

8　改編自賽斯・吉爾罕, The CBT Deck for Clients and Therapists: 101 Practices to Improve Thoughts, Be in the Moment, and Take Action in Your Life (Eau Claire, WI: PESI, 2019).

9　改編自賽斯・吉爾罕, The CBT Deck for Anxiety, Rumination, and Worry: 108 Practices to Calm the Mind, Soothe the Nervous System, and Live Your Life to the Fullest (Eau Claire, WI: PESI, 2020).

10　大衛・史坦德・拉斯特、夏隆・勒貝《寂靜之聲：進入葛利果聖歌的幽微境界》（足智文化，2020）

11　大衛・史坦德・拉斯特、夏隆・勒貝《寂靜之聲：進入葛利果聖歌的幽微境界》（足智文化，2020）

12　See, e.g., O'Connell, O'Shea, and Gallagher, "Feeling Thanks and Saying Thanks."

13　O'Connell, O'Shea, and Gallagher, "Feeling Thanks and Saying Thanks."

14　大衛・史坦德・拉斯特、夏隆・勒貝《寂靜之聲：進入葛利果聖歌的幽微境界》（足智文化，2020）

15　《聖經》腓立比書 4:12（新國際版）

16　《聖經》帖撒羅尼迦前書 5:18（新國際版）

17　《聖經》雅各書 1:2–3（新國際版）

18　《聖經》詩篇 89:1（新國際版）

19　《聖經》詩篇 13:1（新國際版）

20　Johnson Oatman Jr., "Count Your Blessings." 歌詞來源 https://hymnary.org/text/when_upon_lifes_billows_you_are_tempest

8 找回恆久的平靜

1　David Steindl-Rast, *Gratefulness, the Heart of Prayer: An Approach to Life in Fullness* (New York: Paulist Press, 1984), 181.

2　Jessica de Bloom et al., "Effects of Vacation from Work on Health and Well-Being:

258

Lots of Fun, Quickly Gone," *Work & Stress* 24, no. 2 (2010): 196–216, https://dx.doi.org/10.1080/02678373.2010.493385.

3 Jessica de Bloom, Sabine A. E. Geurts, and Michiel A. J. Kompier, "Vacation (After-) Effects on Employee Health and Well-Being, and the Role of Vacation Activities, Experiences, and Sleep," *Journal of Happiness Studies* 14 (2013): 613–633, https://doi.org/10.1007/s10902-012-9345-3.

4 改編自賽斯 · 吉爾罕，*The CBT Deck for Clients and Therapists: 101 Practices to Improve Thoughts, Be in the Moment, and Take Action in Your Life* (Eau Claire, WI: PESI, 2019).

5 Marjaana Sianoja et al., "Enhancing Daily Well-Being at Work Through Lunch-time Park Walks and Relaxation Exercises: Recovery Experiences as Mediators," *Journal of Occupational Health Psychology* 23, no. 3 (2018): 428–442, https://doi.org/10.1037/ocp0000083.

6 Thomas Merton, *New Seeds of Contemplation* (New York: New Directions, 2007), 81.

⑨ 愛你的身體

1 Elisabeth Hertenstein et al., "Insomnia as a Predictor of Mental Disorders: A Systematic Review and Meta-Analysis," *Sleep Medicine Reviews* 43 (February 2019): 96–105, https://doi.org/10.1016/j.smrv.2018.10.006.

2 M. Daley et al., "Insomnia and Its Relationship to Health-Care Utilization, Work Absenteeism, Productivity, and Accidents," *Sleep Medicine* 10, no. 4 (April 2009): 427–438, https://doi.org/10.1016/j.sleep.2008.04.005.

3 Wendy M. Troxel et al., "Marital Quality and the Marital Bed: Examining the Covariation Between Relationship Quality and Sleep," *Sleep Medicine Reviews* 11, no. 5 (October 2007): 389–404, https://doi.org/10.1016/j.smrv.2007.05.002.

4 Richard Rohr, "Living Fully," Center for Action and Contemplation, April 3, 2019, https://cac.org/living-fully-2019-04-03/.

5 Jason C. Ong et al., "A Randomized Controlled Trial of Mindfulness Meditation for Chronic Insomnia," Sleep 37, no. 9 (September 1, 2014): 1553–1563, https://doi.org/10.5665/sleep.4010.

6 M. Alexandra Kredlow et al., "The Effects of Physical Activity on Sleep: A Meta-Analytic Review," *Journal of Behavioral Medicine* 38 (2015): 427–449, https://doi.org/10.1007/s10865-015-9617-6.

7 Ana Kovacevic et al., "The Effect of Resistance Exercise on Sleep: A Systematic Review of Randomized Controlled Trials," *Sleep Medicine Reviews* 39 (June 2018): 52–68, https://doi.org/10.1016/j.smrv.2017.07.002.

8 Kredlow et al., "Effects of Physical Activity on Sleep."

9 Eric Suni, "Sleep Hygiene: What It Is, Why It Matters, and How to Revamp Your Habits to Get Better Nightly Sleep," Sleep Foundation, updated November 29, 2021, https://www.sleepfoundation.org/articles/sleep-hygiene.

10 Saundra Dalton-Smith, *Sacred Rest: Recover Your Life, Renew Your Energy, Restore Your Sanity* (New York: FaithWords, 2017), 8.

11 感謝高盛學院校長蕾貝卡・斯托爾茨福斯（Rebecca Stoltzfus），她幫助我了解到睡眠的神聖本質。

12 William James, *The Varieties of Religious Experience: A Study in Human Nature* (Mineola, NY: Dover Publications, 2018), 277.

13 《聖經》創世紀 41（新國際版）

14 《聖經》馬太福音 2:12（新國際版）

15 《聖經》詩篇 127:2（新國際版）

16 Swami Krishnananda, "Consciousness and Sleep," in *The Māndūkya Upanishad* (Rishikesh, India: Divine Life Society, 1996), https://www.swami-krishnananda.org/mand/mand_5.html.

17 Hazrat Inayat Khan, "Sufi Teachings: The Mystery of Sleep," Hazrat Inayat Khan Study Database, http://hazrat-inayat-khan.org/php/views.php?h1=30&h2=33.

18 Bhante Shravasti Dhammika, "Sleep," Guide to Buddhism A to Z, https://www.buddhisma2z.com/content.php?id=385.

19 Bhante Shravasti Dhammika, "Dreams," Guide to Buddhism A to Z, https://www.buddhisma2z.com/content.php?id=116.

20 Nechoma Greisman, "The Philosophy of Sleep," Chabad.org, https://www.chabad.org/library/article_cdo/aid/97560/jewish/The-Philosophy-of-Sleep.htm.

21 Gary M. Cooney et al., "Exercise for Depression," Cochrane Database of *Systematic Reviews*, no. 9, art. CD004366 (September 12, 2013), https://doi.org/10.1002/14651858.CD004366.pub6.

22 Felipe B. Schuch et al., "Physical Activity Protects from Incident Anxiety: A Meta-Analysis of Prospective Cohort Studies," *Depression & Anxiety* 36, no. 9 (September 2019): 846–858, https://doi.org/10.1002/da.22915.

23 Amanda L. Rebar et al., "A Meta-Meta-Analysis of the Effect of Physical Activity on Depression and Anxiety in Non-clinical Adult Populations," *Health Psychology Review* 9, no. 3 (2015): 366–378, https://doi.org/10.1080/17437199.2015.1022901.

24 Charles B. Eaton et al., "Cross-Sectional Relationship Between Diet and Physical Activity in Two Southeastern New England Communities," *American Journal of*

Preventive Medicine 11, no. 4 (July–August 1995): 238–244, https://doi.org/10.1016/S0749-3797(18)30452-5.

25 Jacobo Á. Rubio-Arias et al., "Effect of Exercise on Sleep Quality and Insom-nia in Middle-Aged Women: A Systematic Review and Meta-Analysis of Randomized Controlled Trials," *Maturitas* 100 (June 1, 2017): 49–56, https://doi.org/10.1016/j.maturitas.2017.04.003.

26 Richard M. Ryan and Edward L. Deci, "Self-Determination Theory and the Facilitation of Intrinsic Motivation, Social Development, and Well-being," *American Psychologist* 55, no. 1 (2000): 68–78, https://doi.apa.org/doi/10.1037/0003-066X.55.1.68.

27 改編自賽斯‧吉爾罕, *The CBT Deck for Anxiety, Rumination, and Worry:108 Practices to Calm the Mind, Soothe the Nervous System, and Live Your Life to the Fullest* (Eau Claire, WI: PESI, 2020).

28 The "SMILES" trial and other research studies have shown that improvements in diet can relieve depression and anxiety and that vitamin and mineral supplements can improve recovery from traumatic events. See, e.g., Felice N. Jacka et al., "A Randomised Controlled Trial of Dietary Improvement for Adults with Major Depression (the 'SMILES' Trial)," *BMC Medicine* 15, no. 23 (2017): https://doi.org/10.1186/s12916-017-0791-y.

29 本章我對於營養相關議題的理解，透過我與心理學家朋友艾麗雅‧坎貝爾—丹尼希（Aria Campbell-Danesh）的談話，而更加豐富。

30 試試伊娜‧加滕（Ina Garten）的食譜：https://www.foodnetwork.com/recipes/ina-garten/roasted-brussels-sprouts-recipe2-1941953

31 改編自賽斯‧吉爾罕, *The CBT Deck for Clients and Therapists: 101 Practices to Improve Thoughts, Be in the Moment, and Take Action in Your Life* (Eau Claire, WI: PESI, 2019).

10 關愛他人

1 愛德華‧羅德金，愛許莉‧帕拉斯拉《調和：打造自身平衡，建立彼此連結》（馬可孛羅，2022）

2 改編自賽斯‧吉爾罕, *The CBT Deck for Clients and Therapists: 101 Practices to Improve Thoughts, Be in the Moment, and Take Action in Your Life* (Eau Claire, WI: PESI, 2019).

3 改編自吉爾罕, *CBT Deck for Clients and Therapists.*

4 Ross Gay, *The Book of Delights* (Chapel Hill, NC: Algonquin Books of Chapel Hill, 2019), 97.

5 Jared Byas, *Love Matters More: How Fighting to Be Right Keeps Us from Loving Like*

Jesus (Grand Rapids, MI: Zondervan, 2020), 69.

⑪ 工作順心

1　Kahlil Gibran, *The Prophet* (Hertfordshire, UK: Wordsworth Editions, 1997), 13.

2　Edward L. Deci and Richard M. Ryan, "Self-Determination Theory: A Macrothe-ory of Human Motivation, Development, and Health," *Canadian Psychology* 49, no. 3 (2008): 182–185, https://doi.org/10.1037/a0012801.

3　Anja Van den Broeck et al., "Capturing Autonomy, Competence, and Related-ness at Work: Construction and Initial Validation of the Work-Related Basic Need Satisfaction Scale," *Occupational and Organizational Psychology* 83, no. 4 (December 2010): 981–1002, https://doi.org/10.1348/096317909X481382.

4　Marie-Hélène Véronneau, Richard F. Koestner, and John R. Z. Abela, "Intrinsic Need Satisfaction and Well-being in Children and Adolescents: An Application of the Self-Determination Theory," *Journal of Social and Clinical Psychology* 24, no. 2 (July 2005), https://doi.org/10.1521/jscp.24.2.280.62277; José A. Tapia Granados et al., "Cardiovascular Risk Factors, Depression, and Alcohol Con-sumption During Joblessness and During Recessions Among Young Adults in CARDIA," *American Journal of Epidemiology* 187, no. 11 (November 2018): 2339–2345, https://doi.org/10.1093/aje/kwy127; Noortje Kloos et al., "Longitudinal Associations of Autonomy, Relatedness, and Competence with the Well-being of Nursing Home Residents," *Gerontologist* 59, no. 4 (August 2019): 635–643, https://doi.org/10.1093/geront/gny005.

5　改編自賽斯‧吉爾罕, *The CBT Deck for Clients and Therapists: 101 Practices to Improve Thoughts, Be in the Moment, and Take Action in Your Life* (Eau Claire, WI: PESI, 2019).

6　Jessica de Bloom, Sabine A. E. Geurts, and Michiel A. J. Kompier, "Vacation (Af-ter-) Effects on Employee Health and Well-Being, and the Role of Vacation Ac-tivities, Experiences, and Sleep," *Journal of Happiness Studies* 14 (2013): 613–633, https://doi.org/10.1007/s10902-012-9345-3.

7　紀伯倫《先知》

8　David K. Reynolds, *A Handbook for Constructive Living* (Honolulu: University of Hawai'i Press, 2002).

9　改編自吉爾罕, *CBT Deck for Clients and Therapists*.

10　改編自賽斯‧吉爾罕, *CBT Deck for Clients and Therapists*.

11　Eugene H. Peterson, *The Contemplative Pastor: Returning to the Art of Spiritual Direction* (Grand Rapids, MI: William B. Eerdmans, 1993), 19.

12　Thomas Merton, *New Seeds of Contemplation* (New York: New Directions, 2007), 45.

13 感謝Gregg Krech激發了我在這方面的思考。Gregg Krech, *Naikan: Gratitude, Grace, and the Japanese Art of Self-Reflection* (Berkeley, CA: Stone Bridge Press, 2002).

14 羅賓・沃爾・基默爾《編織聖草：滿溢生命語法的自然書寫！與萬物建立神聖關係，創造生生不息的禮物經濟》(漫遊者文化，2023)

15 Merton, *New Seeds of Contemplation*, 19.

16 Stephen Mitchell, trans., Bhagavad Gita: *A New Translation* (New York: Three Rivers Press, 2000), 51, 63.

17 《聖經》羅馬書12:1（新標準修訂譯本）

18 Eugene H. Peterson, *The Message: The Bible in Contemporary Language* (Colorado Springs, CO: NavPress, 2018), 942.

19 紀伯倫《先知》

12 人生的目的

1 "'The Three Questions' by Leo Tolstoy," *Plough Quarterly* 7 (Winter 2016), https://www.plough.com/en/topics/culture/short-stories/the-three-questions.

2 大衛・史坦德・拉斯特、夏隆・勒貝《寂靜之聲：進入葛利果聖歌的幽微境界》（足智文化，2020）

3 改編自賽斯・吉爾罕, *The CBT Deck for Clients and Therapists: 101 Practices to Improve Thoughts, Be in the Moment, and Take Action in Your Life* (Eau Claire, WI: PESI, 2019).

4 Steindl-Rast and Lebell, *Music of Silence*, 10.

5 Frederick Buechner, *Wishful Thinking: A Theological ABC* (New York: Harper & Row, 1973), 95.

6 Thomas Merton, *New Seeds of Contemplation* (New York: New Directions, 2007), 223–224.

7 改編自賽斯・吉爾罕, *The CBT Deck for Anxiety, Rumination, and Worry: 108 Practices to Calm the Mind, Soothe the Nervous System, and Live Your Life to the Fullest* (Eau Claire, WI: PESI, 2020).

8 David Steindl-Rast, *Gratefulness, the Heart of Prayer: An Approach to Life in Fullness* (New York: Paulist Press, 1984), 40.

13 回到內在的家

1 Rich Mullins, "Growing Young," in *The World as Best as I Remember* It, vol. 2 (Reunion Records, 1991).

2 Rich Mullins, *Live from Studio B* (live television concert with A Ragamuffin Band at

LeSEA Broadcasting, South Bend, IN, March 14, 1997), https://www.youtube.com/watch?v=jkPuHReiFeM.

3　Thomas Merton, *New Seeds of Contemplation* (New York: New Directions 2007), 81.

4　《聖經》但以理書5:27（新標準修訂譯本）

5　《聖經》馬可福音8:36（英王欽定本）

6　Mark S. Burrows and Jon M. Sweeney, Meister Eckhart's Book of Secrets: Meditations on *Letting Go and Finding True Freedom* (Charlottesville, VA: Hampton Roads, 2019), 77.

7　《聖經》羅馬書8:39（新標準修訂譯本）

8　改編自賽斯‧吉爾罕, *The CBT Deck for Clients and Therapists: 101 Practices to Improve Thoughts, Be in the Moment, and Take Action in Your Life* (Eau Claire, WI: PESI, 2019).

9　《聖經》彼得前書4:8（新標準修訂譯本）

10　Merton, *New Seeds of Contemplation*, 140.

KNOW HOW 008

擺脫執念，尋回自心
藉由正念認知行為療法，邁向平靜與希望的療癒之地
Mindful Cognitive Behavioral Therapy：
A Simple Path to Healing, Hope, and Peace

作　　　者	賽斯·吉爾罕博士（Seth J. Gillihan, PhD）
譯　　　者	何修瑜
責任編輯	盧心潔
協力編輯	廖雅雯
封面設計	吳俐嫻

總 經 理	伍文翠
出版發行	知田出版／福智文化股份有限公司
	地址／105407 台北市八德路三段 212 號 9 樓
	電話／(02) 2577-0637
	客服信箱／serve@bwpublish.com
	心閱網／https://www.bwpublish.com
法律顧問	王子文律師
排　　　版	陳瑜安
印　　　刷	富喬文化事業有限公司
總 經 銷	時報文化出版企業股份有限公司
	地址／333019 桃園市龜山區萬壽路二段 351 號
	服務電話／(02) 2306-6600 #2111
出版日期	2025 年 1 月　初版一刷
定　　　價	新台幣 480 元

ISBN　978-626-98962-2-6
版權所有 • 請勿翻印 Printed in Taiwan
如有缺頁、破損、倒裝，請聯繫客服信箱或寄回本公司更換

MINDFUL COGNITIVE BEHAVIORAL THERAPY
by Seth Gillihan
Copyright © 2022 by Seth J. Gillihan
Complex Chinese Translation copyright ©2025
by Bliss & Wisdom Publishing Co., Ltd
Published by arrangement with HarperOne, an imprint of HarperCollins Publishers, USA
through Bardon-Chinese Media Agency
博達著作權代理有限公司
ALL RIGHTS RESERVED

擺脫執念，尋回自心：藉由正念認知行為療法，邁向平
靜與希望的療癒之地／賽斯·吉爾罕（Seth J. Gillihan）
著；何修瑜譯 . -- 初版 . -- 臺北市：知田出版，福智文化
股份有限公司，2025.01
　　面；　公分 . --（KNOW HOW；8）
　譯自：Mindful cognitive behavioral therapy : a simple
　　　　path to healing, hope, and peace.
　ISBN 978-626-98962-2-6(平裝)

　1.CST: 心靈療法　2. CST: 心理治療法
　3. CST: 身心關係　4. CST: 自我實現

178.8　　　　　　　　　　　　　　　113017149